A Philosophy for Adult Education

성인교육철학

강선보·김희선·최승현 공역

도서출판 원미사

저자 서문

이 책의 목적은 우리 사회에서 성인교육 프로그램의 기반이 되고 있는 철학을 분명하게 가다듬는 데 있다.

성인교육은 풍요로운 사회에서 한시적 유행이나 심심풀이로 시행되는 차원의 일이 아니다. 성인교육은 자유로운 사회질서를 만들어 나가는 데 있어서 매우 중요한 역할을 수행한다. 즉 그 사회의 성인들이 무엇을 알고 있는지, 그리고 그 알고 있는 바를 어떻게 실천에 옮기는지는 자유로운 사회질서를 성공적으로 구성하는 것과 밀접한 관련을 맺고 있다.

모든 사회에서 성인들은 항상 결정의 순간에 마주치게 된다. 어느 사회에서나 구성원의 교육은 중요한 문제이며, 사회의 수준은 대체로 그 사회를 운영해 나가는 성인의 교육수준을 넘지 못한다. 아동교육이 중요한 문제이기는 하다. 그러나 지금까지 주로 아동교육에만 역점을 둠으로써, 많은 성인들은 아동기와 청소년기에 받은 교육과 살아가면서 얻은 약간의 인생경험이 삶의 역정을 헤쳐나가는 데 있어 충분한 역할을 하리라 믿게 되었다. 그러나 이 시기의 교육의 양이 많다 하더라도 아동기에 받은 교육만으로는 일생 동안 겪는 도전, 변화 그리고 적응의 과정들을 견뎌낼 수 없다.

자유시민의 특권과 권리는 수많은 희생을 치르고 얻어지는 것이며, 또 손상되기도 쉽다. 인간의 정신, 육체, 영혼의 성장과 발달의 기회란 그 구성원들이 정치적 혹은 종교적 광신도들에게 억압받는 사회에서는 주어지지 않는다. 그가 살아가고 있는 사회에 정력적으로 참여하는 똑똑한 시민들이야말로 시민의 성숙과 문명화 과정(civilizing process)을 가능하게 하는 사회질서를 효과적으로 유지하며, 촉진할 수 있다. 이러한 지적행위는 바로 지식에 기반을 둔다.

성인교육은 우리가 현명한 시민이 될 수 있도록 도와주기에, 모든 이가 다양한 방식으로 또 다양한 시간대에 그리고 다양한 장소에서 참여할 수 있어야 한다. 물론, 어떤 특별한 유형의 성인교육이 만병통치약의 역할을 한다는 것은 불가능한 일이다. 일터, 도서관, 학교, 교회, 동아리 등 모든 유형의 제도를 통해 아주 다양한 성인학습의 기회가 제공되어야 한다. 또한 책, 신문, 라디오, 텔레비전과 같은 학습자원들이 널리 활용되어야 한다. 모든 성인은 그가 터전으로 삼고 있는 사회 영역에 활발하게 참여함으로써 자기 시대의 문제와 그것을 해결하는 데 도움이 되는 방법에 지속적으로 접근할 수 있어야 한다. 일을 행하는 데에는 많은 방법이 있을 수 있다. 즉, 모든 성인이 매일 저녁 학교에 갈 필요는 없다. 하지만 우리의 사고를 고양시키고 다른 사람들과의 관계를 촉진시켜 주는 무엇인가가 반드시 필요하다. 그러한 관계맺음이 있어야 우리의 거대한 잠재성의 일부분이라도 깨달을 수 있으며, 개개인과 사회의 완성을 이루어 낼 수 있다.

누구나 성인교육에 관심을 기울여야 한다. 자신들이 살아가고 있는 사회질서에 책임감을 느끼는 모든 사려깊은 이들이 성인교육철학에 대해 숙고해야 한다. 물론 전문적인 성인교육가들이 이러한 활동에서 주된 역할을 수행해내야 하겠지만, 사실 이 작업은 학자들의 손에만 맡기기에는 너무나 큰 과업이다. 실제로 성인교육의 많은 부분들은 사실상 거의 혹은 전혀 성인교육 전문훈련을 받은 바 없는 이들에 의해 이루어지고 있다.

자원봉사자는 성인교육에서 반드시 필요한 존재이다. 물론 이들 중 상당수가 성인교육에 대해 거의 훈련받은 적이 없었지만 성인교육 프로그램을 수행하는 책임을 맡은 후에, 그리고 그것을 수행해 나가는 과정 속에서 많은 것을 학습하게 되었다. 또한 이들이 실질적 기여를 하기도 했다.

성인교육에 누구나 관심을 기울여야 한다는 것은 결국 우리 모두가 성인교육에 대해 과연 무엇을 기여해야 하며, 또 왜 우리가 그것을 실천해야 하는지 알아야 한다는 것이다. 또한 누구나 현존하는 인간능력의 위대한 축적물들을 발견하고, 또 그것을 생산적으로 활용할 수 있도록 하는 아이디어에 관심을 가져야 한다. 이 글이 이러한 생각들을 명확히 하고, 공포와 증오, 의심으로부터 인간의 정신을 해방시키는 일에 자신의 온갖 재능과 시간을 바치는 사람들에게, 즉 우리가 성숙한 인간 존재가 되도록 노력하는 사람들에게 도움이 되었으면 하는 바람이다.

이 글은 많은 학생들과 동료들의 도움이 없었다면 불가능했을 것이다. 또한 병원, 교도소, 교회, 산업현장, 농업현장 등에서 일하시는 많은 분들에게도 감사를 표한다.

폴 버거빈

역자 서문

교육철학이란 쉽게 말해 교육이 나아가야 할 방향(direction)을 제시해 주는 학문이다. 그렇다면 성인교육철학이란 성인교육이 나아가야 할 방향을 제시해 주는 학문이다. 노울즈(Malcolm S. Knowles)지난 20세기 초중반의 성인교육 분야 연구를 분석하면서 그 분야의 많은 논문들이 미국 사회에 큰 영향을 주지 못했다고 평가하였는데, 그 이유는 미국의 성인교육운동이 일관된 목적이나 목표 그리고 신념체계가 없었기 때문이라는 것이었다. 요컨대 성인교육철학의 부재를 신랄히 꼬집은 것이었다.

이처럼 초창기의 성인교육 분야는 과거의 유아교육이나 특수교육이 그랬던 것처럼 그 철학적 기초 없이 방법론적 접근과 실천에 급급해 온 것이 사실이다. 그러다가 방향 없이 표류하는 자신의 모습을 발견하고 방향의 정립을 위해 철학적 탐색을 시작한 것이라 볼 수 있다. 한국에서의 성인교육 분야도 예외가 아니다. 실제로 시중에 나와 있는 성인교육 및 평생교육 관련 서적들만 보아도 거의 모두가 방법론적·실천적 접근 일색의 연구물들이다. 또한 성인교육 분야에 종사하고 있는 많은 성인교육가들이 왜 성인교육을 행해야 하는지에 대한 충분한 성찰없이, 단지 다른 사람들과 기관들이 하니까 나도 한다는 식으로 안이한 편승을 하는 경향도 성인교육의 무방향성을 입증하고 있다. 그래서 프레이리(Paulo Freire)는 성찰이 결여된 행동은 진정한 의미의 행동이 아니라고 비판한다. 이러한 입장에서 이 책의 저자인 버거빈(Paul Bergevin: 1903-1993)도 신념이나 이상, 태도, 실천에의 통합된 관점 및 공통적인 관심사를 형성하기 위해 기본적인 철학을 지녀야 할 필요성이 있음을 누누이 강조하였다.

성인교육철학은 성인교육에 대한 끊임없는 철학적 성찰과 반성을 촉구함으로써 성인교육의 실천적 방향을 제시하는 역할을 한다. 따라서 우리나라에서도 성인교육의 올바른 출항과 항해를 위해서 성인교육의 철학적 접근에 대한 보다 활발한 논의와 출판이 전개되어야 할 것이다. 이런 의미에서 버거빈의 성인교육철학서를 번역하여 출판함으로써 성인교육철학에 대한 관심을 촉발하는 것은 매우 의미있는 일이라 할 수 있다.

이 책은 버거빈(Paul Bergevin)의 A Philosophy for Adult Education (N.Y.: The Seabury Press, 1967)을 번역한 것이다. 출판 된 지가 다소 오래된 책이라 본문 내용 중 시대적 배경이 잘 맞지 않은 부분이 몇 군데 있기는 하지만, 진보적 관점에서 성인교육의 철학적 기초를 공부하는 데에는 여전히 유효한 책이라고 생각한다. 특히 성인교육철학을 다룬 저서가 극히 빈약한 국내외의 상황을 고려한다면 더더욱 요긴한 책이라 할 수 있다.

버거빈은 린드만(Eduard Lindeman), 호울(Cyril O. Houle), 노울즈, 프레이리 등과 더불어 진보주의 성향을 지니고 있는 성인교육철학자들 중의 한 사람이다. 즉 진보주의 교육의 영향을 받은 그는 성인교육에서 교육과 사회와의 관계, 문제중심 혹은 상황중심 교육, 실습중심 교육, 직업 교육, 민주주의 교육, 경험중심의 교육을 강조하였다.

버거빈은 성인교육의 보편적 목적을, 성인들로 하여금 성숙한 개개인으로 성장하게 하는 것이며, 나아가 '문명화 과정'(civilizing process: 사회의 발전적·진화적 작용)에서 맡은 바 역할을 다하게 하는 것으로 보았다. 즉 삶의 의미 및 성인의 진보를 위한 조건과 기회를 제공함으로써 자유롭고 창조적이며 책임있는 존재로 성장시키는 것이라고 보았다.

교육을 사회변화의 도구로 보는 진보주의 관점에 입각해 버거빈은 성인교육을 통해 사회변화가 가능하다고 보았다. 그래서 그는 성인교육을 '문명화 과정'에 기여하는 근본적인 힘으로 보았다. 요컨대 성인교육은 '문명화 과정'을 돕고 촉진시키도록 의도적으로 성립된 프로그램으로 구성되며 성인교육가의 목표는 성인들에게 문명화 과정과 더불어 건설적인 관계를 형성하는 것이다.

이처럼 버거빈에 의하면 성인교육은 민주적 생활방식을 유지하고 고양시키며 사회를 발전시키는 데 필수불가결한 것이다. 이러한 입장에서 그는 "우리가 건설하거나 파괴하는 것 혹은 문명화 과정으로 갈 것이냐 원시주의로 갈 것이냐 하는 데 결정요소가 되는 것이 바로 성인교육으로, 성인들은 이 둘 중의 하나를 택하거나 혹은 양자를 모두 택할 수도 있다"라며 주의를 촉구하고 있다. 우리의 성인교육이 정상적인 궤도를 달리게 하기 위해서 우리는 버거빈의 경고를 귀담아 들을 필요가 있다. 앞으로 21세기 사회로 진입할수록 학교교육의 역할 중 상당 부분은 성인교육으로 대체될 것이다. 이에 대비하는 차원에서라도 성인교육의 철학적 기반을 다지는 일은 무엇보다도 시급한 일이라 할 수 있다. 이런 의미에서 바로 이 책이 우리나라의 성인교육의 철학적 기반을 다지는데 조금이나마 보탬이 되길 바란다.

이번 개정 번역본에서는 이 책의 주제에 부합하는 색인을 새로 달고 주요용어에 대한 각주를 삽입하였다. 끝으로 이 책의 출판을 맡아 애써 준 원미사의 박준식 사장님과 직원들에게 이 자리를 빌어 감사의 마음을 전한다.

2017년 2월 28일

고려대학교 연구실에서

역자대표 강선보 씀

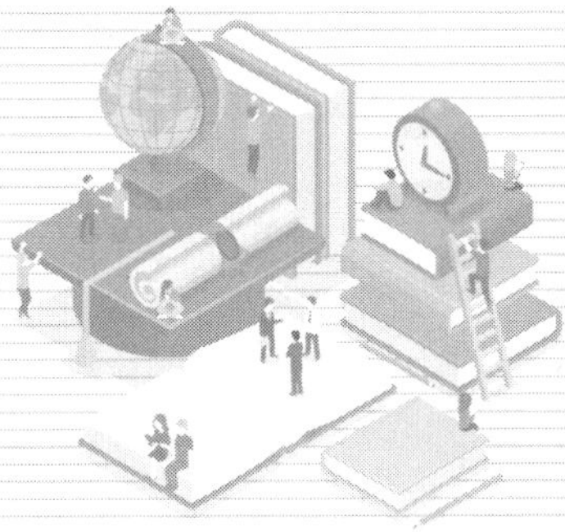

차례

도 입

도 입

성인들 간에는 모든 면에서 여러 동일한 영역이 명백히 존재하는 반면, 다른 것과 얽혀 흥미와 열의를 제공하는 독특한 인간적 특성과 같은 차이의 영역도 존재한다. 이런 인간적 차이는 다양하다. 어떤 이들은 결코 끝나지 않을 흥미와 놀라움의 경험으로 살지만 다른 이들은 풍요로운 문화(civilization)를 위한 우리의 투쟁을 부정하는 경향을 보인다.

결국 성인교육철학이 사람들의 관계, 장소, 시간에 따라 다양하고 그럴 수 있다는 것은 놀랄 일이 못된다. 이는 이 철학이 공통적인 것이 아무것도 없음을 의미하는 것은 아닌데, 왜냐하면 그것들 모두가 인간발달의 중심인 관계의 영역에 관련되기 때문이다. 다른 한편으로 그것은 어떤 하나의 철학이 다른 바람직한 것만큼 필수적임을 뜻하지도 않는다. 그러나 이는 *그(the)* 성인교육철학이라고 불릴 정도의 보편적 특성을 지닌 성인교육의 철학적 기초에 대해 생각하는 것이나 다름없다.

어떤 철학에 대한 하나의 목적(purpose)을 가정하는 일은 특정한 신념, 아이디어, 태도 및 실천을 향한 공통된 참고지점과 하나의 통합된 관점을 확립하는 일로서, 결국 여기서 좇는 것이 적절한 *하나의(a)* 성인교육철학으로 불릴 수 있다.

여기서 사용할 일반적 개념과 그 밑에 깔린 원칙은 무엇보다 이론적으로 투사된 것으로 결국 그 적용 가능성을 테스트 받는다. 그것들은 지난 이십여 년에 걸쳐 일부는 이론에서, 일부는 실천에서 끌어낸 것이다. 그것은 이제 막 출발하기 시작했는데 유용하고 조작적인 기술로 번역 가능해진 덕분이다. 경험은 특정한 성인학습 프로그램에 잘 적용될 수 있음을 보여주었다. 또한 우리는 일반적 아이디어의 해석과 특정한 상황에서의 경험에 도움을 줄 통합된 관점을 창조적인 교육자에게 제공하고자 해왔다.

여기서, 이 진전된 철학은 이성적으로 규율된 사회적 맥락 속에서 개인과 집단의 유일무이함이라는 가치를 보존한다는 것을 알고 있다. 우리가 살고 성장하기 위해 그러한 차이를 보존하는 방식들의 촉진이 허용되는 것이다. 서로 다른 의견, 신념, 관습 및 습관이 적절히 분배될 때 인간의 정신적, 사회적 성장은 육체적 건강을 누린다.

우리의 특정한 재능을 제대로 사용하기 위한 학습자로서의 본질은 배움의 전 과정에서 상이한 정도와 방식으로 직접적으로 연계되어야 한다. 우리는 어떻게 효과적으로 참여하고 또 그래야만 하는가를 반드시 배워야 한다. 우리가 어떻게 배울 것인가가 무엇을 배우는가 만큼 중요하다는 것을 배워야 하는 것이다. 우리는 성인학습 과정의 역동성에 의해 생겨난 배움의 모험을 계승하는 일에 책임을 느끼는 일도 배워야 한다.

또 성인교육은 다음과 같은 중요한 일반 목적을 갖는다. 첫째, 성인에게 성숙한 개인으로 나아갈 기회를 제공하고 스스로 그것을 발견하도록 한다. 둘째, 문명화 과정을 그가 어떻게 공유하고 거기에 헌신할 것인가를 배우도록 돕는다. 이 목적은 학습자와 교사로 하여금 아리스토텔레스가 『정치학』*(Politics)*에서 말한바, 유덕한 시민이 어느 정도로 가능한가에 관한 가능성과 한계, 건설적이거나 파괴적인 경향, 사회적 승인 가능성이나 반사회적 행위와 같이 독특한 인간존재로서 성인에 대해 생각할 기회를 제공할 것이다.

이러한 성인교육철학은 기본적으로 인간적 성숙을 위한 자유롭고 창의적이며 책임감 있는 사람들의 발달을 향한 성인교육의 활용을 지향한다. 진정한 인간의 필요를 만나기 위해 준비된 주의 깊은 성인학습 프로그램은 우리의 학습 잠재력을 성공적으로 개척하는 일에 중요한 역할을 함으로써 될 수 있는 한 성숙한 인간을 만들어 줄 것이다.

만일 우리가 자신의 잠재성을 깨닫는다면 틀림없이 성인학습 과정은 아둔하고 수동적인 교화 훈련[1]을 넘어 경험을 참조하고 해방시키

---

1 교육적 의사소통은 일상적 의사소통과 다르다. 일상에서는 시(詩)를 읽거나 예술 작품을 본 뒤의 느낌에 대해 주관적인 것이라고 생각하고 더 이상 문제 삼지 않지만 교육적 의사소통은 그 의미를 명확히 할 것을 요구한다. 교사(송신자)와 학생(수신자) 간에 의미의 불명료성을 없애려는 노력은 수업 중의 발문, 모방, 훈련, 표상, 경험과 같은 수단을 통해 이루어진다. 이 중 훈련은 발문과 모방으로는 부족한 의미의 전달을 더 명확히 하기 위해 행동까지도 통제하는 수단이다. 서구 교육 전통에서는 특정한 시간 동안 특정한 동작을 반복하도록 함으로써 교수자가 의도한 정신이 학습자에게 새겨지고, 비로소 '학생'으로 거듭난다고 보았다. 푸코는 『감시와 처벌』 (*Surveiller et punir, 1975*)에서 이를 다룬바 있다. 그러나 훈련이 불명료성을 완전히 제거할 수는 없다. 도쿄대학교 교육학과의 이마이 야쓰오는 완전한 교육적 의사소통의 불가능성을 가리켜 '미디어적 구조'라고 부른다. 즉, 교사와 학생 간에는 어떤 의사소통 수단을 동원한다 하더라도 완전한 의사소통이 불가능하다는 뜻이다. 이런 의미에서 현대 교육철학은 학생이라는 완전한 '타자'에 관

는 일이 될 것이다.

요약하자면, 이 책에서 성인교육철학은 다음과 같은 신념에 의거한다.

1. 성인의 행동은 어느 정도 변화할 수 있다.
2. 성인교육은 사람들의 성장과 성숙을 돕기 위해 디자인되어야 한다.
3. 성인은 성인으로서의 삶의 여러 국면, 곧 정치, 직업, 문화, 정신 및 육체적인 면에서 책임감 있게 행위할 기회를 제공받고 도움 받아야 한다.
4. 성인은 보다 생산적인 시민이 되는 일을 배울 의무가 있다.
5. 성인은 활용 가능한 미개발된 창조적 잠재력을 지니고 있다.
6. 의식을 갖춘 모든 성인은 배울 수 있다.
7. 모든 성인은 그의 지성 능력의 더 나은 활용을 위한 도움을 받을 수 있다.
8. 성인은 성장하고 성숙하기 위해 공동체에서 살 필요가 있으며 이를 어떻게 하는가를 배울 필요가 있다.
9. 모든 성인은 건설적이고 창의적인 자신을 표현할 수단을 찾아야만 한다.
10. 전통적인 티칭 및 배움 시설은 종종 부적합하다.
11. 자유, 규율, 책임에 대한 이해는 재능의 발견과 생산적 활용을 증진시킨다.
12. 자유, 규율, 책임과 같은 살아있는 개념은 주체[2]로서 고

심을 기울이기 시작했다. —역자주.

2 서구에서 15~17세기 동안의 르네상스는 신이 우주를 만들고 경영한다는 생각을 바꾸어 놓았다. 바로 신이 우주는 만들었지만 경영에 관해서는 자연과학을 통해 알 수 있다는 것이다. 자연과학을 탐구할 수 있는 인간은 일정한 생각의 틀을 부여

양한 다양한 학습 경험을 통해 달성될 수 있다.

13. 만일 자유를 유지하고 효과적으로 활용한다면 자유롭고 민주적인 사회로 불리는 곳은 모든 시민의 평생학습(lifelong learning)을 강조해야만 한다.
14. 각각의 성인학습 참여자는 동료 및 행정가들에게 진단, 계획, 수행, 발전에 필요한 도움을 받아야 한다.
15. 문명화 과정은 그 과정에 참여하는 성인의 수와 지성의 질에 따라 진화하고 나아갈 것이다.
16. 많은 성인들은 학교를 통해서만 교육을 받는다. 행동변화를 야기하는 성인학습은 집, 교회, 공장, 농장 등 어느 장소에서나 일어날 수 있다.
17. 수단은 목적만큼이나 중요하다.
18. 인간의 본성은 '선하지도', '악하지도' 않지만 본질적으로 그 존재와 생성에 있어서 적응적이고 교육가능하며 그가 거의 이룰 수 없었던 탁월함도 어느 정도 획득 가능하다. 목표달성을 위한 투쟁에는 개인적 행위와 의지를 위한 공간이 존재한다.
19. 행동(behavior)[3]은 이성과 합리적 판단뿐 아니라 감정과

받았다. 예를 들어, 대다수의 사람들은 '1+1=2'라는 사실을 경험하지 않고도 안다(선험성). 이런 능력을 갖춘 인간이라면 무엇이 옳고 그른지도 알 수 있다. 사람을 죽이면 안 된다, 돈을 훔치면 안 된다 등은 자연스럽게 알 수 있는 자연법(natural law)이다(정언명령). 이제 인간은 신의 피조물이 아니라, '이성'을 사용하여 자연'법'을 지키는 '주체'로 거듭난다. 18세기의 철학자 칸트는 이를 대표하는 주체의 철학자였다. –역자주.

3 교육심리학에서 행동(behavior)과 행위(action)는 구별된다. 전자는 눈 깜빡거림과 같은 미세한 동작까지도 측정대상으로 삼는 지각의 단위인 반면, 후자는 '의사표명을 하다, 논의하다'와 같이 복합적인 함축을 띤 말을 가리킨다. 그런 점에서 행위는 철학용어로 쓰이기도 한다. 예를 들어, 한나 아렌트에게 행위는 공적 공간

저성에 의해서도 조건 지어진다.

20. 인간은 만족과 행복을 추구한다.
21. 성인교육은 사회 속에서 살아갈 인간 조건에 기여하는 동시에 그 사회의 향상을 위한 방도에 민감해지도록 한다.
22. 이 책에서 이제까지 민주주의라는 아이디어는 인간의 본성과 지금까지 그려온 성인교육에 맞춰져 있다.

에서의 자기표출로서 아무나 할 수 없는 영웅적 뉘앙스를 띤다. 그런 점에서 행위는 많은 숙고와 경청, 반성을 필요로 한다. —역자주.

제 1 장

개관: 성인, 사회 그리고 교육

제1장

개관: 성인, 사회 그리고 교육

우리가 관계 맺고 있는 환경과 삶의 방식은 우리가 어떤 종류의 인간인지를 만들어내는 일과 깊이 관계되어 있다. 타인들과의 대화, 라디오 청취, 텔레비전 시청, 독서, 정규 강의에의 참여, 여행, 심지어 사장에게 불려 다니는 일까지 이 모든 경험들은 여러 가지 흔적과 변화를 남긴다. 성숙을 향한 발달을 북돋우지도, 좌절시키지도 않는 일에 대해 생각한다는 것이야말로 매우 어려운 일이다.

여기서 '성숙'이라는 말은 건설적, 정신적, 직업적, 육체적, 정치적 그리고 문화적 목적을 지향하는 개인의 성장4과 발달을 뜻한다. 성숙

4 듀이에게 성장은 경험과 관계 깊다. 듀이는 촛불에 손을 댄 아이가 초의 뜨거움을 느끼는 동시에 손을 다시 대서는 안 된다는 교훈을 얻는다고 말한다. 듀이는 '실제' 경험에서 출발해 교훈을 얻는 것이 진정한 교육이라고 말한다. 반대로 그림이나 추상어와 같은 제시물에서 출발해 무언가를 알도록 하는 것을 표상이라고 한다. 표상은 샘플을 보여준다는 점에서 효과적인 반면 대상을 왜곡할 수 있다는 단점을 안고 있다. 헤르바르트는 표상의 약점을 극복하려면 전체적인 맥락과 연관 지어야 이해해야 한다고 말한다. ㅡ역자주.

한 인간은 지속적으로 (낮은 동물과 같은 상태인) 단순한 생존에서 책임감을 갖고 사회질서를 지키는 자아의 발견에 이르기까지 이해와 건설적인 행위를 향해 나아간다.

1 문명화 과정

이렇듯 개별적으로 생성하는 사회 환경을 반영한 행위가 긍정적일 때에 우리는 그것을 문명화 과정이라고 부른다. 이러한 발전적이고 진화론적 사회 행위는 최상의 전통인 동시에 현대적인 사회 경험을 우리에게 보여주고, 우리가 어떻게 하면 이해, 존엄, 사랑을 통해 타인과 관계 맺을지를 가르쳐준다. 우리 각자의 삶과 기관에서 합리적인 성숙이 촉진되어야 한다.

문명화 과정은 사회 전체에 관련된 협력적이고 사회적인 운동으로서, 행위, 기호, 사고에 있어서 야만을 갱신하는 운동과 같다. 그것은 또한 진화론적 運動(운동)이기에, 우리는 아리스토텔레스가 '좋은 삶'이라고 말한바 '좋음(excellence)[5]의 추구'를 통해 달성되는 행복을 깨닫도록 돕는 인간 능력의 발견과 실행을 지향한다.

한 개인은 사회 질서 바깥에서는 진정한 인간이 되지 못한다. 문명화 과정은 개별적 성숙에 헌신하는 과정, 곧 문명화를 만드는 과정

---

5 아리스토텔레스는 사람마다 타고나는 기질에 좋은 습관을 연마해야 하며, 여기에 기쁜 마음으로 지성을 갈고 닦을 때 '좋음'에 이른다고 말한다. 그는 기질과 습관, 지성이 조화를 이룰 때 좋은 삶을 살 수 있다고 말한다. 한편 이 책에서는 맥락에 따라 좋음, 덕, 수월성 등으로 번역하였다. – 역자주.

에서 가능한 한 타인과 관계를 맺는 과정이다. 이 개인적 발달은 진정한 사회 운동이 됨으로써 문명과 과정의 진전에 기여한다. 그것은 또한 성숙 과정의 협력적이고 사회적인 잠재력을 깨닫는 일에 도움을 준다.

만일 한 어른이 문명화 과정에 기여하고자 한다면 그는 반드시 사회가 넓은 의미뿐 아니라 특정한 의미에서도 이동하는 방향을 알아야만 한다. 그는 가능한 한 사회란 무엇이며, 어떤 일반 대상들이 있고 또 그가 문화적, 직업적, 육체적, 정치적 그리고 정신적으로 무엇을 할 수 있는가를 알아야만 그것을 유지하고 개선하는 일에 일조할 수 있다. 또 그는 사회적 책임이 개인마다 지고 있는 것임을 깨달아야 한다. 이 책은 개인이란 내면적 한계와 강제뿐 아니라 자신의 외부를 해방시키는 투쟁을 벌이는 사회 성원이라는 관점을 가정하고 지지한다. 때로 개인은 이들 한계를 해방시킬 사회를 기다리지 못하지만 규율화되고 지성적인 사회적 행위를 위한 책임을 가정함으로써 자신과 타인을 해방시키고자 노력한다. 한편 개인과 사회의 성장과 진보를 지연시키는 영향력이 늘 존재한다. 이런 영향의 일부는 자아에, 다른 일부는 사회에 영향을 끼친다. 때로 하나의 유형에서 다른 것을 구별해내기 힘들 때도 있다.

가치 체계, 협력적인 사회 본성, 개인적 책임과 특권 및 개인과 집단의 본성 같은 것들은 한 개인의 능력에 맞게 각각 이해되고 다루어져야 한다. 이 말들에서 어떤 책임을 진다거나 그 의미를 빼버리는 데에 이르기까지 자유롭다고 느끼는 사람은 아무도 없다. '교육받은' 혹은 교육적, 정치적, 기독교적, 경제적 권위자의 입장에 선 이들은 모든 짐을 옮길 책임을 홀로 지지 않는다. 만일 그들이 그렇게 한다면 이는 바람직하지 못하다. 역사는 사려 깊은 시민들의 책임감 있는 역할을 상정하는 일에 실패해 온 여러 사람들을 묘사해 왔다. 그러한 실패는 보통 정치적 과정과 사회 변화의 속도를 높이기 위한 재빠른 행동과 늘 준비된 선동가를 부르는 결과를 낳았다.

따라서 우리는 성인으로서 알 필요가 있다. 우리는 우리가 아는 바대로 지성적으로 행위할 필요가 있다. 우리는 함께 나눌 수 있는 힘에 관해 무언가를 말하고 책임을 받아들여 자신을 규율하는 법을 배울 필요가 있다.

이 장 서두에서 우리는 어떤 방식으로든 우리의 발달에 영향을 끼치지 않는 경험을 생각하기 어렵다고 말한 바 있다. 넓은 의미에서 성인교육은 이런 모든 경험을 포함해 이야기될 수 있고 그것들이 어떤 방식으로든 우리의 행위를 교정하고, 변화시키고, 강제한다는 점에서 '교육적'이라고 부를 수 있다. 이런 넓은 의미에서 성인교육은 우리에게 긍정적이면서도 부정적인 영향을 끼친다.

그러나 특정한 의미에서 성인교육은 의식적으로 향상된 프로그램 지원과 문명화 과정의 강화이다. 결국 전문성을 갖추었건 그렇지 않건 성인교육자의 전반적인 목표는 문명과 과정과의 건설적 관계 속에 놓여 있으며, 이 과정은 우리의 삶과 기관의 성숙한 합리성을 발전시키는 일에 도움을 줄 환경 및 사회의 긍정적 요소를 대표한다는 것을 늘 기억해야 한다.

우리는 타인을 좋아하고 싫어하는 일을 배울 수 있는 만큼 양적 가치와 질적 가치를 동일한 감각 속에 놓고 평가할 줄도 안다. 양적 아이디어는 인간의 소유와 생산물을 집단과 기계적 과정에 종속시키는 물질주의(materialism)적이고 기계화된 사고와 행위에 기반하여 사회를 촉진시키는 경향을 띤다. 질적 아이디어는 문명 과정에서 '사물의 본성'(the nature of things)을 지속적으로 통합함으로써 인간의 복지를 추구하고 촉진시키고자 한다. 또 다른 아이디어는 성인교육을 통해 촉진될 수 있다. 결국 성인 교육이 좋은가 나쁜가, *그 자체(per se)*를 생각하는 일은 근시안적이다.

우리 모두는 여러 자연 현상의 끊임없는 복잡성뿐 아니라 우리 본성의 복잡성에 당황해한다. 복잡성의 진실을 벗어나기 위해 선호하는 길은 한정된 개념에 적합한 몇몇 단일한 목적만을 발전시키는 것이다. 거의 대다수의 연구나 조사가 이 덫에서 빠져 나가지 못한다. 실제로 어르신, 성직자, 교사들이 분류하고 단순화한 것이 더 쉽다. 결국 우리 모두는 상기한 입장들이 있음을 기억하고 적절한 시기에 이를 지나쳐 가야 한다.

단일한 목적과의 관련은 좋거나 나쁜 범주에 모든 것을 두는 우리의 선호에 달려있다. 교육은 좋다. 사람들은 젊었을 때 그것을 많이도 받는다. 당신이 학교를 졸업하고 나면 그것을 더 이상 필요로 하지 않는다. 교육은 집안에 두는 해충제처럼 그저 오랫동안 남아있을 거라고 생각될 뿐이다.

성인교육은 삶이라는 일에서 특정한 재능과 능력을 깨닫고, 발전시키고, 관계 맺어 준다는 점에서 진실로 '바람직'할 수 있으며 문명화 과정에서 성숙한 시민임을 정당하게 자리매김 시켜준다. 성인교육은 '나쁠' 수도 있다. 그것은 타인보다 우리 자신을 더 사랑하도록 가르칠 수 있다. 또 그것은 질문 없는 선동에 따르도록 가르칠 수 있다. 또 그것은 우리를 예속화하고 파괴하는 산물이나 상황을 산출하는 아이디어와 기술을 배우도록 도울 수도 있다.

결국 성인교육은 기술자, 외과의사, 사업가 등 중요한 이들의 기술을 배우는 일보다 더 큰 목적을 가져야만 한다. 만일 우리가 성숙의 과정에 진정 개입하고자 한다면 일을 하거나 돈을 벌어서는 안 된다.

즉, 의사가 그저 우리를 살려두는 정도로만 살아야 한다. 우리는 삶과 더불어 무엇을 하는가를 배우고 삶을 풍요롭게 할 돈과 건강을 어떻게 써야 할지도 배운다. 성인교육의 유의미한 과제는 돈을 버는 능력이나 잘 삶이 중요하다는 전제에서 풍요롭고 생산적인 삶을 어떻게 살 것인가의 중요성을 가르치는 것이지만, 마찬가지로 중요한 것은 삶과 재능을 가지고 문화적이며 정신적인 어떤 것을 할 것인가에 관한 지식이다.

우리들 중 일부는 만일 모든 이가 우리가 믿고 있는 교육이나 종교 혹은 정치의 관점에서 드러난 '진실'(truths)[6]에 노출된다면 사회 문제가 해결될 것으로 믿는다. 우리는 종종 우리가 아는 대부분에 관해, 즉 우리가 이해할 수 있고 믿는 관념들을 타인들에게 강요하려 한다. 하지만 만일 우리가 지식을 넓혀 보면 타인의 관점과 관습에 대한 신빙성을 얻게 될 것이다.

직업 교육가들과 교양교육에 관련된 이들은 모두 각자가 생각하는 타인에 관한 근시안적 관점을 방해 받아왔다. 역사는 일부 문화에 대한 전적 헌신을 가진 이들의 힘이 보여준 사례로 채워져 있으며 그들을 이해하지 못하거나 반대해온 이들을 뒤집거나 '자유롭게' 할 때까

---

6 서양철학에서 '진실'에 관한 논의는 고대 소크라테스까지 거슬러간다. 펠로폰네소스 전쟁의 패배로 아테네는 스파르타가 선임한 '30인 정치기'를 맞이하였다. 이 시기 30인정에서는 소크라테스에게 무고한 살라미스 시민을 잡아올 것을 명한다. 하지만 그는 이를 거부하였다. 이를 벼르고 있던 30인정은 4년 뒤 젊은이들을 현혹한다는 죄명으로 소크라테스를 법정에 세운다. 그는 법정에서도 자신은 '진실'을 말했다며 상을 받아야 한다고 주장한다. 이와 같이 진실말하기는 '파레시아(parrhesia)'라는 용어로 오늘날에도 푸코 등에 의해 계승되고 있으며, 자신의 목숨을 걸고서라도 진실을 말하는 것을 의미한다. 즉, 진실말하기란 외부의 두려움을 물리치고 자신의 신념에 입각해 '그렇소'라고 말하는 것이다. 이는 객관적 '진리'와는 다른 뉘앙스를 띤다. – 역자주.

지 멈추지 않았다. 우리는 타인의 관점을 이용하고 우리를 풍요롭게 할 새로운 기반의 지식을 활용할 필요가 있다. 인간이 발전시켜 온 체제는 불가피하게 그런 발전론자들의 결핍을 일부 포함해 왔다.

상이한 아이디어들의 격렬한 제시는 성숙한 유기체로서의 생존과 진보에 본질적인 것으로서 사회에 생명력을 불어넣었다. 우리가 미묘하거나 명백하게 특정 관념들을 맹목적으로 쫓고 강요당할 때 그 관념들 내부에 존재할 법한 바람직한 가치들을 잃고 만다. 때문에 우리는 우리의 능력에 조응하는 관념들과의 이해적 관계로 들어설 필요가 있는 자유를 얻지 못했던 것이다.

경제, 철학, 역사, 심리, 문학, 언어 및 과학은 성인교육의 여러 국면에서 일차적인 중요성을 가진 영역들이다. 만일 이 분야가 제시해 온 최상의 과거와 현재를 보여주는 잘 조직된 프로그램에 참여할 기회를 모든 성인이 제안 받고 얻을 수 있다면 말이다.

오늘날 일부 성인교육 프로그램은 속물근성(snob−appeal)을 자극하는 분리주의적 운동보다 발전하는 사회의 성숙하고 참여적인 성원으로서 발달에 적합한, 살아있고 광범위한 배움의 영역을 포함하고 있다.

수많은 작업들은 성인학습자와의 친밀함 속에서 예술과 과학에 포함된 거대한 정보를 성인교육에 가져다 줄 것임에 틀림없다. 특별한 프로그램들이 언어, 철학, 역사, 지리, 생태, 사회학 등을 통해 다른 문화를 성인에게 보여줄 것이다. 이 분야는 성인 자신의 요구 및 자유, 규율, 자유사회에 대한 책임이 무엇을 의미하는가와의 관계 속에서 드러나야 한다.

이 분야는 확실히 성인의 삶에 초점을 맞출 수 있는 지식 더미를 망라한다. 그러나 그것들은 종종 '대학에서 하는 것처럼 해라. 만일 당신이 그것을 원하면 여기에 그것이 있다. 만일 당신이 그것을 얻을 수 없다면 불행한 것이다.'와 같은 식으로 성인에게 주입된다. *대부분의 성인은 학자가 아니며 학자가 되는 일에도 관심이 없다.* 성인학습 프로그램은 반드시 이러한 사실을 고려하는 가운데 이루어져야 한다.

아이들은 학교에 출석해야 하지만 보통 성인은 그렇지 않으며 이들 대부분은 그런 특권이 조금은 있지 않으면 안 된다고 생각한다. 성인에 대한 우리의 교육적 관념은 이런 사실에 맞춰져야 한다. 우리가 좋건 싫건 모든 이들은 학습에 노출될 필요가 있는데 그것은 학습 때문이 아닌 인간성(humanity) 때문이다. 학습의 내용은 다양한 대상들에 맞게 널리 알려진 것들이다. 때로 우리가 생각하는 주제들, 예컨대 역사, 수학, 예술 등은 유용하다. 여러 회에 걸친 학습 프로그램이 특정한 문제와 참여자의 요구를 둘러싸고 발전되어야 한다.

자유는 자신을 발견할 기회, 유일무이한 개성을 유지하며 살 기회를 각자에게 준다는 점에서 필수적이다. 만일 그것이 불가능하지 않다면 효과적인 개발에서 연유하는 잠재성과 행복의 발견 정도에 대해 종종 어려운 짐을 낳기도 한다. 많은 이들은 자유란 사물의 본성에 내재한다고 믿으며 인간이 성숙하고, 발달하고 성장하고자 한다면 그를 이해하고 활용해야 할 필요가 있다고 믿는다.

그것은 또한 자아 중심적인 우리가 움켜쥔 본성 안에도 있다. 우리의 본성은 이 선(線)을 따를 때 공감적이고 사회적인 것이 되지만 다른 방향으로 훈련될 때에는 복수심이 넘치고 파괴의 가능성마저 보인다. 이성은 우리의 관점과 행위를 정당화하는 도구로 쓰여 왔기에 이성을 갖춘 이의 처분에 따른다. 우리는 건전하고 올바른 모든 것을 만들어낼 능력을 지니고 있다.

우리 본성의 여러 측면은 많은 능력과 그로부터 야기되는 행위를 일으킨다. 우리는 더 나은 본성으로 부르는 바에 따라 우리가 선택한 바를 취한다. 사회적 관점과 패턴이 확립된 바에 따라 그 에너지의 정도와 방향이 순응한다. 또 우리는 이 측면의 어두움, 곧 반대의 측면도 가지고 있다. 우리가 사물의 본성에 대해 말할 때 그것들이 실제로 어떠한가 －좋은가, 나쁜가 혹은 사심이 없는가(indifferent)－ 에 관한 조건을 생각하고 있는 것이다. 우리의 본성은 이런 특징들로 되어있다. 본성은 본성일 뿐이며 그 자체로 선과 악의 범주에 저항한다. 그것은 우리 자신을 발견하는 특정한 본성과 환경의 한계 내에서 선택하고, 발견하고, 활용하는 일에 달려있다. 우리는 자신에 관한 여러 흥미롭고, 가치 있는 사실들을 발견해 왔다. 우리는 사랑하고 미워할 수 있다는 걸 알며 자유와 규율, 포부와 나태함, 자아와 사회 및 여러 모호한 느낌들이 거기에 기여한다는 것도 안다.

아마도 가장 중요한 것은 우리가 본성 내에서 발견한 것이 바로 우리가 배울 수 있는 것이라는 사실일 것이다. 우리는 자연적 질서의 일부인 다툼과 모호함을 다뤄 나가는 가운데 배울 수 있다. 우리는 자신을 돌보고, 그다지 행복하지 않은 일을 유용한 삶으로 이끌도록 가르치며, 편안할수록 생산적일 수 없다는 것을 배운다. 우리는 뭔가를 해야 한다고, 에너지와 재능이 어떤 방향으로 확장되어야 한다고 배워 왔다. 개인적이거나 사회적인 차원에서 바람직한 행위 패턴의 증가와 반사회적 재능 및 에너지에 입각한 행위는 본성적으로 정확히 대응한다.

진실로 성인에 대한 지속적 교육은 여가 활동이 아니라 우리가 그것만을 위한 시간을 갖는 것이 좋다. 그것이야말로 건설과 파괴, 문명화와 야만 사이의 경주에서 결정적인 요소이다. 우리 성인은 모두 가능하다.

우리는 문명화 과정을 선호함을 선언한다. 우리는 이것이 어떻게 완수될 것인가에 관한 다양한 관점을 가지고 있지만 이 관점의 대부분은 비슷한 목적을 띤다. 즉, 인간의 요구를 발견하고 만족시키기, 인간 해방, 우리가 되고 싶은 종류의 창조의 기회를 제공하기이다.

이 경주에는 승자와 패자가 있다. 경주가 여전히 진행되는 한 기회는 다른 쪽을 지지할 이들이 여전히 기회를 만들 것이다. 이런 문명화에의 노력은 사회적 부담을 공유하고자 배우고 움직이는 의지를 지닌 수천만의 사람들에게 필요하며 성숙한 시민을 향한 그들의 본성을 확인하고 발전시키는 일이 될 것이다.

이러한 목적은 지속적 노력을 요구한다. 어릴 적 학교를 다녀본 성인은 배움이 고려되는 한 충분히 그것이 사회적임을 믿는다. 실제로 학교는 사람들에게 학습 예시와 수단과 같은 것을 이용하여 어떻게 배울 것인가를 가르쳐야 한다. 배움은 한 가지든 여러 가지든 어디에서나 일어날 수 있다. 그러나 점차 우리를 성숙하게 해주는 배움은 개인을 확립하도록 또한 문제를 협력하여 지성적으로 다룰 수 있도록 돕는다. 이것이 바로 문명화 과정의 기회에서 승리자로 향상되는 종류의 배움이다.

우리가 얼마나 지내 왔는가와 무관하게 학교에서 배운 바를 다룰 수 있기를 희망하는 일은 은행에 쌓아 놓은 동전 몇 푼으로 남은 여생을 지속하길 바라는 것만큼이나 허약하다. 은행의 돈의 경우 우리가 하는 일에 실패하면 무너지고, 곧 공공부조를 받게 될 것임은 명백하다.

실로 우리들 중 많은 이들은 금전적인 사회 공공 부조를 받고 있다. 우리는 지혜롭지 못한 결정을 내리고, 사람들을 오해하고 편견과 잘못된 정보 및 반쯤만 알고 있는 사실에 근거하여 선택한다. 우리는 필요한 만큼의 정보를 결코 가질 수 없다. 우리가 늘 옳을 수는 없다. 그러나 우리는 지금 한 것보다 더 나은 일을 배울 수 있다. 우리가 아동교육에 했듯 모든 성인 시민에 대한 지속적 교육에 많은 열정을 쏟는 것을 보여주기 시작할 때에만 진정한 결과를 기대할 수 있다.

자유사회7에 효과적으로 참여하기 위해 한 명의 성인은 직업적으로 좋은 일을 배워야만 한다. 또 그는 정신적 지원도 받아야 하며 그가 세계와 문화의 일부분임도 알아야 한다. 또 자신과 동료에 대해서도 알아야 한다. 이 모든 요구를 배우는 일, 또 학교에서의 배움이 한 사람의 삶에 충분한 것은 아니다. 만일 민주주의라고 불리는 것에 대해 상당수의 대중들이 지성적으로 그 원칙을 해석하거나 그에 관계된 책임감 있는 시민성을 이해하고 통합하지 못한다면 자유나 정치적 평등과 같은 사회적 개념들은 진부한 이야기에 불과하다. 사회의 본성과 해방된 힘의 계승은 자유나 평등과 같은 사회적 개념들을 시민들이 이해하고 지지할 능력이 있는가에 달려있다.

2 성인교육의 지향

만약 자기 자신, 그리고 주변세계와 보다 바람직한 관계를 설정하도록 돕는 효과적 성인교육 프로그램 개발과 운영에 진지한 관심을 가지고 있다면, 목적을 정확하게 제시하고 그 목적에 적합한 프로그

---

7 1789년 프랑스 혁명 당시 자유란 제1신분, 즉 성직자가 속한 교회로부터의 자유였다. 이렇게 '종교적 관용'이라는 의미로 쓰이기 시작한 근대적 자유는 여성, 어린이의 자유를 거쳐 오늘날 '자본의 자유'로 왜곡되고 있다. 종교, 문학, 인종 등 고유한 논리를 가진 영역이나 집단이 자본의 자유를 위해 '경영마인드'를 갖게 된 것이다. 이 책 전반에 걸쳐 이러한 자본의 자유에 대해 우려하고 있으며 이를 극복할 진정한 자유사회에서의 성인교육의 역할에 대해 말하고 있다. —역자주.

램을 설계해야 한다. 일반적으로 우리는 변화보다 해 온 것을 선호하지만 몇몇 인간적 노력은 우리가 변화에 적응하길 배우는 일보다 빨리 변화가 일어나도록 하였다. 특히 과학영역의 경우 과학교수방법이 아닌 과학의 내용자체는 경이적인 속도로 변화가 이루어졌다. 삶을 영위하거나 재능을 적절한 곳에 활용하는 방법의 학습이라는 복합적 영역은 변화가 그리 빠르지 않다. 인간 "계몽"에 활용되는 방법은 우리 대부분이 농부였던 수백 년 전에 사용되었던 방법과 크게 다를 바 없다. 한 가지 중요한 차이점은 과거에는 소수만이 책과 시간을 소유하고 있었으나, 현재는 교육 자료와 여가시간이 모든 사람들에게 개방되어 있다는 사실이다. 스스로 학습(independent study)하려는 사람은 그들의 여가시간을 활용해 다양한 학습 자료들을 접할 수 있다. 예를 들어 공공도서관, 신문 가판대, 서점, 대학 또는 노동조합이나 교회, 각종 자치단체의 사설도서관 등을 이용할 수 있을 것이다.

성인을 어떻게 가르치는가에 관한 변화는 무시되어왔다. 정치체제가 그 좋은 예인데, 몇 세기 전만 하더라도 소수의 사람들이 모든 것을 지배했다. 그러나 오늘날은 점점 더 많은 사람들이 다양한 정책결정과정에 참여하고 있다. 그럼에도 불구하고 많은 사람들이 정책결정과정에 직접 관여하고 있지 않다는 사실은 상당 부분 정치체제의 문제라기보다는 우리가 그 책임을 맡는 데 무관심하거나 책임지고자 하는 마음이 없기 때문이다. 즉, 정치기구는 참여가 가능하도록 열린 상태이나, 우리가 스스로 참여기회를 충분히 활용하고 싶어하지 않거나, 그 참여방법을 알지 못하기 때문이다.

오늘날 세계를 살아가는 방식에는 분명한 변화가 요구된다. 물론 유사 이래, 진화8하는 세계는 항상 그래왔다. 우리는 우리의 일, 종교,

---

8 18세기까지 진화는 '말렸던 것이 펼쳐진다'는 의미로 책처럼 시작과 끝이 분명한

국가에 대한 책임을 공유하도록 점점 더 많은 사람들을 고무하여야 한다. 우리들 중 많은 이들이 관여하고 있음에도 불구하고 여전히 많은 이들 또한 혼수상태에 있기에 희망하는 결과를 완수할 학습을 이루어내야만 한다. 이는 단순히 성인이 더 많은 학습을 해야 하고, 수많은 "강좌"에 참여해야 한다고 부추기는 문제로 그치는 것이 아니다. 어떤 성인은 성인교육에 참여하고 "무엇인가 배웠다"고 느낀다. 성인은 계속 학습해야 하지만, 수백만의 사람들이 계획적인 정규학습 프로그램에 아직도 참여하고 있지 않다. 만일 오늘날 사회적 실험이 생존과 개선에 불과하다면 민주주의가 교육받은 시민에 달려 있기에 개선될 필요가 있다.

이처럼 중요하고도 반드시 필요하다 할 수 있는 문화적·신체적·정치적·직업적·정신적 성인교육 프로그램은 그 작동기반으로 다음과 같은 선택지를 가지고 있다.

1. 불변의 "진리"가 있다. 그리고 이 "진리"를 보급하기 위해 교육과정을 활용하고, 다양한 방법을 통해 학습자에게 이미 정해져 있는 결론을 제공한다.
2. 진리는 복합적이고, 점진적으로 전개되고 있으며, 파악하기 힘든 것이다. 즉 사람마다 진리는 다르기에, 어떤 사실은

목적론적 의미를 띤 말이었다. 19세기 다윈은 이를 우연히 도태되거나 살아남는 것이라는 의미, 곧 목적론적 뉘앙스를 제거한 말로 바꾸어 놓았다. 이에 비해 진보는 19세기 산업혁명과 더불어 '옳은 것'이라는 뉘앙스를 부여받았다. 진보는 '도태 없이 이전에 비해 나아졌다'는 뉘앙스를 가지는 반면, 진화는 지그재그식 운동을 가리킨다. 오늘날 일상적으로 '자동차가 진화했다, 진화한 기술' 따위의 표현은 진화를 진보로 잘못 말하는 것이다. 이는 생물학에서 쓰는 말을 일상생활로 지나치게 확대한 것이라고 하겠다. 이 책에서 진화는 '고정불변'과 대립하여 늘 변화하는 인간의 잠재력을 가리키는 의미에서 자주 사용되고 있다. －역자주.

> 각각의 사람들에게 서로 다르게 학습된다. 때로 학습자는 학습할 내용을 모두 받아들이거나 완전히 이해할 수 없어서, 어중간한 상태로라도 받아들이게 되는 경우도 있다.

성인교육 프로그램이 위와 같은 선택지 각각에 그 기반을 둘 때 학습자들에게는 어떤 결과가 나타날까?

첫 번째 예는 행정가나 지도자가 선택한 사실과 진리의 보급이 다양한 사회기관에서 폭넓게 활용되는 경우라 할 것이다. 가장 강력한 여론형성매체 중에는 자신들이 진리를 소유하고 있다고 주장하며, 학습자는 단지 그 진리를 이해하고, 믿고, 또 추종하면 족하다고 말하는 기관들이 있다. 이들은, 진정한 사고 작용은 학습자를 위해 이미 이루어져 있는 상태이고, 학습자가 할 일은 그 "사실"을 암기하고 받아들이는 것뿐이라고 이야기한다. 그래야 학습자가 그 정당, 단체, 학급, 교회, 직장, 가정, 혹은 어느 곳에서건 훌륭하고 다루기 쉬운 구성원이 될 수 있기 때문이다.

학습자가 자신과 실재가 화해할 수 있도록 돕는 일, 곧 보다 효율적이고 숙련된 노동자, 다시 말해 인간 공동체의 행위에 보다 많은 책임감을 지니도록 하는 조직화 안에서야말로 실제적 사실과 진실이 존재할 수 있다. 그러나 만약 학습자가 자신에게 잠재되어 있는 인간으로 성장·성숙·계발되려면, 그는 많든 적든 자신의 재능을 활용해야만 한다. 직장, 가족, 공동체에서 책임을 다하라고 요청받을 때, 만약 지금까지 책임을 이행할 기회가 거의 없었거나 전무했다면 우리는 능숙하게 일을 처리해 낼 수 없다. 그러나 우리가 할 수 있거나 우리에게 주어진 것 이상의 일이 기대되는 경우가 흔하다. 어떤 내용을 이미 알고 있는 사람에게서 해결책을 구하도록 배워왔다면, 자연히 우리는 모든 행동방법을 말해줄 수 있는 누군가를 항상 기다릴 것이다. 결코 자신만의 독특한 방식으로 스스로 행동하는 방법을 배우려 하지 않을 것이며, 동시에 자신의 독특함을 사회의 요구에 맞추려고 하지도 않을 것이다. 우리는 지금까지 학습해 온 사고방식의 산물이며, 대부분의 사람들은 스스로 깊이 사고하는 어려움을 감수하려 하지 않는다. 이는 부분적으로는 우리를 위해 대신 생각해줄 사람을 어디서나 찾을 수 있기 때문이다. 전쟁이나 질병 혹은 교육 문제의 해결에 대한 대처법은 정부의 "식자(識者)"들이 지시해준다. 이는 대개 선전활동에 능한 사람들이 정치가로 성공한다는 것을 의미한다. 그 정치가들을 대표자로 선출한 계몽된 국민이 형성한 시각보다는 정치가의 시각이 설득력을 지닌다.

오늘날은 많은 전문 광고인들이 사람들에게 엄청난 양의 "사실"을 성공적으로 쏟아붓고 있다. 이들은 인간의 성숙을 방해함으로써 엄청난 보상을 받는 돈놀이에 지속적으로 참여해왔다. 문명화 과정에 기여할 수 있는 대중매체가 개인의 독특한 사고를 특징 없이 만드는 데 사용되어져 왔다. 현대 텔레비전 산업이 드러내고 있는 공공복리에 대한 책임감 부족은 바로 이 경우에 해당한다. 텔레비전에 주어진 대규모 사회개발이라는 과업은 거의 실현되지 못하고 있다. 사실 텔레비전을 통해 더 많은 사람들이 생각보다 쉽게 무엇인가 얻을 수 있다. 그럼에도 불구하고, 대부분의 경우 텔레비전이 인간의 성숙에 기여할 기회는 드라마와 오락물, 그리고 그 사이에 끼워 넣어진 비누, 자동차, 머리기름, 혹은 담배 광고로 대체돼 있다. 몇몇 광고주와 광고 대행사는 분명 인간 본성의 가장 약한 부분을 선택하여 호소하고 있으며, 이것은 사실 그들이 정직한 사람이라면 피해야 할 일들이다.

몇 해 전만 해도 제약회사들은 질병진단방법을 설명하고, 자신들의 만병통치약을 사도록 설득하기 위해 이 나라 저 나라를 떠돌아 다녔다. 오늘날 텔레비전 광고 대행사들은 이전에 제약회사들이 보였던 냉담한 논리 중 몇 가지를 수정하기는 했지만, 여전히 대중은 순진하고, 심리적으로 잘 조작하면 거의 모든 것을 받아들일 것이라는 기본 원리를 유지하고 있다. 인간성을 해방시키는 장치는 역으로 인간성을 노예화하는 데에도 적용될 수 있다.9

큰 돈벌이로의 전환을 향한 투쟁에서 일부 사람들은 선량한 공공성이 수용할 수 있는 바를 훨씬 넘고 있고, 사회는 그들에게 대대적인 통제를 부과하고 있다. 이들은 자유에 수반되는 어느 정도의 자기 규율을 이해하거나 받아들이지 못함으로써 자유사회를 파괴하는 일에 기여하고 말았다.

잠재능력을 활용하는 방법을 학습할 수 있다면, 사회는 우리의 상상 이상으로 진보할 수도 있다. 그러나 아는 것이 없어 속아 넘어가기

---

9 텔레비전이 인간성을 해방시키는가, 가두는가라는 문제는 당시 지식인들의 첨예한 관심사이기도 했다. 예를 들어, '미디어가 메시지다'라는 말로 유명한 매클루언은 『미디어의 이해』(1964)에서 텔레비전을 쿨한 미디어로 보았다. 책과 영화는 '고밀도'의 정보를 제공하기에 독자나 관객의 참여가 어려운 핫한 미디어인 반면 텔레비전은 '저밀도'의 정보를 제공하기에 시청자의 참여도가 높은 쿨한 미디어라는 것이다. 1950년대부터 확산된 텔레비전은 이성을 사용하던 인간의 삶을 보다 감각적인 것으로 바꾸어 놓았다. 이것이 나쁜가, 좋은가는 숙고해볼만 하다. 왜냐하면 오늘날 저밀도의 정보를 제공하는 인터넷은 전자 민주주의의 발전에도 기여하는 면이 있기 때문이다. 매클루언과 달리 의사소통을 통해 합리성을 지향하는 사회를 꿈꾼 것은 『의사소통행위이론』(1987)을 출간한 하버마스였다. 그는 전문가의 세계(예를 들면, 물리학자들)와 일상 속 생활세계를 매개하는 '의사소통적 행위'의 준칙이 합리성이라고 보았다. 합리성에는 논리를 통한 완전한 합의와 상대방의 다름을 인정하는 태도가 포함된다. 이 책이 나온 1960년대를 전후한 시기는 이렇듯 미디어와 의사소통에 관한 논의가 활발했던 시기라고 할 수 있다. ―역자주.

쉬운 사람, 멋쟁이가 되고자 물질주의에 사로잡힌 사람들이 우리의 일용할 양식에서 차지하는 부분을 계속적으로 늘려 가는 한, 인간의 진보를 위한 노력은 어려움에 빠지게 될 것이다.

우리는 자신의 어리석은 행위의 희생물이다. 하지만 결점을 극복하고, 나아갈 길을 밝히기 위해서는 서로의 도움을 필요로 한다. 우리는 해서는 안 될 일들을 저질러 왔고, 잘못된 길에 빠져들기도 한다. 잔인한 현실은 이러한 문제가 계속 벌어지고 있다는 사실이고, 또 "합법적으로" 해를 끼치고 있다는 사실이다.

이상이 성인교육이 왜 그 자체로 좋지도 나쁘지도 않은가에 관한 진실되고, 살아있으며 결정적인 이유이다. 성인교육의 좋고 나쁨은 그것의 활용방식에 달렸다. 성인은 서로를 죽이고, 수입 이상으로 소비하며, 고민하고, 자신을 여러 가지 방식으로 파괴하도록 설득하고 학습할 수 있다. 반대로 서로 사랑하고, 돕고, 자연이 베풀어 준 광대한 자원을 합당하게 활용할 수 있으며, 그들에게 주어진 시간, 재능, 재원을 선용하고, 생산적 노동, 놀이, 신앙, 연구 활동을 통해 풍요롭고 유용한 삶을 향유하도록 학습할 수도 있다.

성인교육이 생산적이고 풍요롭게 전환된 곳에서 성인학습자의 학습과정은 역동적 관계를 가짐에 틀림없다. 그는 학습과정의 일부분이어야 하며, 학습과정에 참여해야 한다. 학습자의 참여는 필수적이다. 이와 대비되는 모습은 홀로 출석해 수업을 듣고 마는 수동적인 성인학습자라 할 것이다.

성인학습 프로그램이 "우리는 진리를 가지고 있습니다. 당신이 행해야 할 일을 이미 알고 있는 사람들이 마련해 둔 것들을 듣고, 학습하고, 그대로 행한다면 편안할 것입니다"라는 사고에 기초하고 있다면, 성인학습자는 스스로 판단할 기회를 갖지 못하고, 의문을 제기함으로써 신중하게 관찰할 수도 없고, 그 방법을 모르기에 조직화된 논의에 참여할 수도 없다. 만일 그가 자신을 바르게 이해했다면 오로지 규정된 권위에 대해 질문할 수 있을 뿐이다. 왜냐하면 그는 자신만의 방식을 통해 배워온 유일무이한 내면을 열 수 없기에 적절한 성장이나 성숙을 이룰 수 없기 때문이다.

이는 억압적 아이디어나 진실의 반복을 통한 선전에 의한 성인의 교수-학습이다. 학습자는 그에게 일어나고 있는 것들에 대해 거의 혹은 전혀 말하지 않는다. 심리학·사회학·교육학 과목은 때때로 성인의 성숙과정의 특성을 없애거나 성숙과정을 지체시키는 성인학습 프로그램의 개발과 실천에 활용된다. 광고는 최고의 범죄자이지만, 유일한 범죄자는 아니다. 우리가 가장 존경하는 제도들도 이러한 범죄를 저지른다.

학습이라면 대개 교사의 지도하에 교실 내에서 일어나는 어떤 것이라 생각된다. 그러나 실제로 대부분의 성인학습은 학교나 교실과 무관하다. 성인의 사고, 믿음, 행동방식을 변화시키는 학습은 좋건 나쁘건 항상 일어난다. 대중매체, 특히 텔레비전과 라디오는 그들이 판매하고 있는 것에 대해 어떻게 사고해야 하는지를 우리에게 주입시키는 데에 계속 몰두하고 있다. 공제조합(fraternal organization), 교회, 노동조합 등도 성인의 사고유형을 형성하는 데 역할하고 있다.

텔레비전이라는 약은 환자들의 삶을 보다 견딜만하게 만들고 있고, 감독관들은 작업현장에서 노동자들을 지도하고 있으며, 헌신적 목사들은 종교 원리를 가르치고 있다. 그리고 이 모든 사람들이 성인교육자이다. 다른 많은 기관들과 마찬가지로 그들은 우리의 사고방식과 행동방식을 변화시키고자 노력하며, 종종 성공하고 있다. 이러한 제도와 조직은 인간의 동기를 지원하는 데 있어 다양한 목적과 시각을 가지고 있지만, 결론적으로 그들은 모두 교육에 참여하고 있다. 즉, 모두 성인의 정신에 작용하고 있는 것이다. 진정으로 성숙을 도모하는 교육자가 있는가 하면, 인간의 진보에 대해 그들이 생각해야 할 바를 깊이 생각해보지 않고 그저 앞으로 나아가는, 무책임하지만 마음 좋은 교육자도 있다. 또 다른 이들은 자신의 목적만 생각하고, 사람들을 자신의 목적달성에 이용하는 선동가이다.

선동적 성인교육가는 진리를 실현시키고자 노력하지만 학습자의 요구는 고려하지 않는다. 학습자는 그가 제시해준 진리를 그대로 학습하고 믿어야 하며 의문을 제기해서는 안된다. 학습자 혼자의 생각은 진리를 잘못된 방향으로 이해할 수도 있기 때문이다. 방법은 선동적이어도 이러한 성인교육가 역시 문명화를 위해 노력하는 것일 수 있다. 그러나 어떤 선동적 성인교육가는 성인교육을 오도와 파괴에 이용한다. 이 두 유형의 선동적 성인교육가는 서로 다른 목적에 헌신하지만, 모두 기존의 진리를 파악하고자 의문을 제기하는 성인학습자의 요구를 무시할 정도로 권위적이다.

성인교육 프로그램의 또 다른 기반이자 이 글에서 지지하고 있는 생각은 진리는 복합적이고 파악하기 어려우며, 때때로 애매하고, 상대적인 것이라는 시각이다. 진리는 일정 정도 모든 이들에 의해 추구될 수 있는 어떤 것이라고 받아들여진다. 그들만의 방식으로 자신의 능력에 따라, 모든 사람들은 직업, 교회, 문화와 여가 활동 속에서 지식과 진리를 추구할 기회를 가져야 한다. 성인교육자가 실제적이고 건설적으로 해야 할 작업은 학습자들이 연구·논의·조사의 기회를 활용할 수 있도록 조치하는 일과, 또 그러한 기회를 활용할 수 있도록 도움을 주는 일이다.

진리는 도달하기 어렵고 상대적이라는 말이 어떠한 진리도 존재하지 않는다거나 어떠한 사물은 다른 것에 비해 진리와 가깝지 않다는 의미는 아니다. 또한 모든 진리는 상대적인 것에 불과하다거나 특정한 사고나 행동을 정당화하기 위해 원칙이나 시각을 그럴듯하게 조작할 수도 있다는 의미는 더더욱 아니다. 사물의 진리는 어떤 사람이 그것을 바라보는 방식에 좌우되지 않는다. 사물을 우리가 생각하는 혹은 그래야 한다고 여기는 바대로 바라보는 것이 아니라, 사물 그대로를 바라보기 위해 우리는 서로 도와야 한다.

우리 인간은 어떤 이유가 있어야 믿거나 설득할 수 있다. 이에 대해 벤자민 프랭클린(Benjamin Franklin)은 다음과 같이 말했다. "인간이 합리적 창조물이라면 정말 편리할 것이다. 그렇다면 사람들은 마음먹은 모든 것을 발견하고 추론할 수 있을 것이기 때문이다."

전통은 우리 행위에서 다양한 역할을 수행한다. 일부 전통은 과거의 지혜와 실수를 거울삼아 잘못을 피할 수 있도록 한다.

수 세기간에 걸친 문헌을 살펴보면 염세주의자만 무시할만한 인류의 사회적·심리학적 경험들에 대한 보고들이 가득하다. 사회가 특정한 사실과 진리를 따르고자 한다면, 특정 결과가 산출될 것이다. 기타 다른 신념과 사고는 보류된 상태이고 인간행동에 관심을 가지고 있는 사람들이 이러한 신념과 사고를 면밀히 조사해 나간다.

완전한 성인으로의 성장은 사고의 교수방식과, 성인이 학습과정의 완벽한 파트너로서 문제와 진리에 접근하도록 고무되는가에 달려 있다. 이러한 기회가 주어진다면, 성인학습자는 학습과정의 완벽한 파트너로서 학습과제에 도전해 나갈 것이고, 또 크게 공헌할 것이다. 성인은 발견의 기쁨을 학습하고, 자유롭고 질서 잡힌 창조적 연구에서 얻을 수 있는 흥분을 공유할 것이다.

흔히 학교, 노조, 교회, 농민집단, 기업의 성인교육가들은 교육을 서둘러 실시하려 한다. 사람들은 자신의 직무나 소속 기관에 대해 재빨리 학습해내야 한다. 사람은 너무나 많고 시간은 너무나 적기 때문에 속도가 중요하게 부각된다. 그들은 시간은 돈이라 말한다. 이 슬로건이 보다 많은 것들을 생산해낼지도 모른다. 그러나 속도의 철학이 인간 존재의 질적 측면을 담보해내지는 못한다. 오히려 언젠가는 심리적, 생리적 문제들을 만들어낼 것이다. 속도, 자동화, 제조업의 집중화, 도시화는 우리가 알지도 못하고, 인식하려 하지도 않고, 혹은 대처방법도 확실하지 않은 중대한 사회적·심리적 문제점들을 발생시키고 있다. 우리들 중 일부는 그것을, 자신을 둘러싼 많은 일들에 대한 투쟁에 의해 탄생한 문제의 일부임을 수용하거나 해결하지도 않으면서 비애국적이라고 생각한다. 탐욕과 무시, 수동성이 종종 우리를 최선의 노력이란 무가치하다는 폭행의 징후로 이끈다.

위에 기술한 문제들은 파업이나 여타 사회적 갈등의 근원적 문제에 있어 극히 일부이다. 우리는 때때로 밤 시간을 맥주, 텔레비전, 내년도 휴가계획 외의 일에 투자해야 한다. 산업사회의 질서가 만들어낸 권태를 상쇄하려는 노력을 기울여야 한다. 불빛과 기계가 우리의 사고를 대신하고 분업의 진행이 인간을 점점 더 불필요하게 만들수록, 우리는 새로운 질서에서 우리 자신의 입지를 확고히 할 수 있는 길을 찾고자 노력해야 한다. 우선 사회적으로 가능한 길을 찾아야 한다. 그러나 사회가 이 혼란의 이면에 존재하는 심각성을 깨닫지 못한다면, 인간 존엄성을 지키기 위한 노력은 보다 폭력적 패턴을 취할 수도 있다.[10]

---

10 인간 존엄성은 인간이라면 누구나 인격체로서 존중받아야 한다는 뜻이다. 이는 노예를 떠올려보면 쉽게 이해된다. 과거 미국에서 흑인 노예는 주인부부가 자던 방에서 같이 잤다. 잠자리 심부름을 하기 위해서이다. 고대 로마의 노예는 남성

자유라는 감각을 가지고 있으며, 인간 존재의 가치와 존엄에 대해 약간이라도 배운 바가 있는 사람이라면 인간에게도, 기계에게도 쉽게 복종하지 않을 것이다. 그러나 우리는 조만간 복종하게 될 수도 있다. 그리고 보다 많은 돈과 물건이 우리를 둘러쌀 때, 자유를 포기하고 싶다는 유혹은 증가될 수 있다. 만약 복종의 대가로 우리 몫을 챙길 수 있다면 우리는 인간의 자연적 성장과 성숙의 문제에 대한 진지한 자세를 외면하게 된다.

성인교육의 바탕과 방향을 설정하는 데 있어서 일반적으로 잘 삶에 영향을 미치는 문제들에 대한 관심이 부족하다. 한 가지 예로 생존을 위해 요구되는 공기와 물, 땅과 동물의 삶과 같은 자연자원의 보존을 들 수 있다. 삶을 가능하게 하는 자연자원에 대해 관심을 갖는 사람은 상대적으로 소수에 불과하다. 그리고 실제로 이 문제를 해결하기 위해 노력하는 사람들은 더 소수이다.

우리가 살아가고 있는 도시를 스모그와 유독 가스로 뒤덮고, 우리 주변을 귀를 찢는 진동과 소음으로 가득 채우며, 계곡과 강물을 오염시키는 난개발로 돈을 벌고 있는 사람도 있다. 돈은 현대의 과학으로도 그 해독제를 찾아낼 수 없는 마약이다. 그러므로 물질주의(materialism)가 승리할 수 있다. 지금 이러한 조짐이 보이고 있다.

성인교육은 완수해야 할 중대한 과업이 있다. 그것은 성인들에게 돈을 좀 더 버는 방법을 가르치는 것 이상을 해내는 것이다. 성인교육 지도자들은 오랜 시간 동안 주의 깊게 사회가 성취하기를 희망하는

가장이 버린 허약하거나 강간, 간통 등에 의해 생긴 아이를 노예 상인이 주워다 길러 귀족들에게 공급했다. 이 노예들은 죽을 뻔한 목숨이었으나 노예 상인 덕분에 살 수 있었다는 '빚'을 진 이들 이었다. 따라서 한 번 더 살게 된 이들이 노예로 사는 것은 오히려 '인간적인' 은혜로 여겨졌다. 인류학자 김현경은 『사람, 장소, 환대』(2015)에서 이상의 예들을 통해 인간 존엄성을 논한바 있다. – 역자주.

바를 점검해야 한다.

이 중요한 과업을 맡은 사람들은 인간 존재의 미지의 잠재력이 발휘될 수 있는 모든 방법을 시도하려 노력해야 한다. 우리는 힘닿는 한 지속적으로 인간의 본성과 요구에 대해, 그리고 사물의 질서에 적응하는 방법을 연구하고 발견해야 한다. 많은 프로그램들이 문명화 과정에 응답하는 우리의 본성에 적합하고, 또 본성을 진보시키도록 개발되어야 한다. 이러한 프로그램들은 보다 야만적인 기질과 반사회적 특성을 대체할 수 있는 사회적으로 적합한 출구를 제공해야 한다.

요구에 부합하는 성인교육 프로그램에 보다 많은 성인들을 끌어들이는 데 있어 가장 문제되는 것은 성인 계속교육에 요구되는 몇 가지를 파악하는 데 실패하기 때문이다. 많은 의문점에 답해야 하고, 그러한 이해가 학습 프로그램에 반영되어야 한다. 그 예는 다음과 같다. 이 프로그램의 목적은 무엇인가? 우리가 노력해야 할 바는 무엇인가? 담당자는? 실시 시기는? 실시 이유는? 실시 장소는? 기대되는 결과는? 실시 기간은? 아동교육과의 차이점은?

변화는 사회적·개인적 성장에 큰 영향을 미치기에, 성인교육에 있어 변화의 문제에 대한 접근은 유연해야 한다. 성인교육은 변화, 즉 운동의 철학에 기반을 두어야 한다. 그리고 항상 자신의 함양 혹은 자신의 파멸을 위해 무엇인가를 학습하고 있는 학습자로서의 성인의 특성을 고려해야 한다. 격려는 성인을 연구 및 발견과 창조적 자세로 임하게 할 수 있다. 만약 공포나 부끄러움이 동기 요인이라면 그는 학습에 생산적으로 참여할 수 없다. 성인교육은 학습자로서의 성인특성에 적합한 방식으로, 성인이 조정할 수 있는 수준에서, 특정한 주제에 대해서뿐만 아니라 다른 이들과 작업해나가는 데 도움을 주는 방식으로 제공되어야 한다. 화학, 역사, 축산, 현대 종교 등 학과목이 무엇이건 간에 모든 연구 영역은 학습자와 그의 동료 학습자들이 서로의 관계에 대한 이해와 행동을 촉진할 수 있는, 학습과 지속적 기회를 제공해 주고자 하는 타당한 목표를 암묵적으로 포함하고 있어야 한다.

대부분의 성인교육이 비형식적 학습(random learning)이라면, 또한 성인이 질서를 따르는 것 외에 다른 것은 알 필요가 없다면, 성인학습의 목적을 고민할 필요는 없을 것이다. 오늘날 우리는 수백 년 전의 것과 전혀 다른, 사실상 유사 이래 전혀 새로운 사회적 환경에 처해 있다. 무엇보다 큰 차이는 정치적인 측면이다. 우선, 인간이라면 그의 세계를 구성하고 있는 사회 권력에 대해 의견을 표명할 수 있다. 이러한 특징은 오늘날 모든 주요 기관에서 찾아볼 수 있다. 우리의 생각과 무관하게, 사람들이 따르고 노동하고 있는 각종 기관과 정부기관들은 점점 더 많은 사람들이 자기 기관의 운영에 대해 무엇인가 요구하며, 비판하고 있다고 인식한다. 이와 같은 공공기관의 생존과 활발한 확장을 위한 방법 중 하나는 바로 그 기관의 운영에 참여하고 있는 성인에 대한 계속교육이라 할 것이다

아리스토텔레스는 다수의 사람들이 민주주의에 현명하게 참여할 수 있을 것이라 보지 않았다. 그는 우리 대부분이 점점 지나치게 요구할 것이고, 정치가들은 난국에 대처하고 폭도들의 요구에 맞서야 할 것이라 생각했다. 그는 민주주의가 사람들에게 그들이 선호하는 방식대로 살겠다는 생각을 증진시킬 것이며, 대부분의 사람들은 무질서한 방식으로 살아가는 것을 선호할 것이라 믿었다.[11]

---

11 고대 그리스에서는 한 가족 내의 남성 가장만이 민회에 참석할 수 있었다. 예를 들어, 아테네에서 500명의 '시민'이 모였다면 그들은 각 가정을 대표하는 남성 가장이었던 셈이다. 본래 그리스에서 시민은 'civitas＝도시'를 뜻했고 시민의 '훌륭함(arete)'이란 전쟁에서의 용맹이라는 협소한 의미였다. 용맹을 뜻했던 훌륭함은 이후 '정치적 지혜'라는 의미로 확대되어 교양교육과 연결된다. 당시의 교양교육

기원전 삼백오십 년 이후 수많은 일들이 일어났지만, 기본적으로 사람들이 아주 많이 변하진 않았다. 만약 우리가 민주국가의 시민으로서 우리에게 주어진 엄청난 책임을 당연한 것으로 받아들이고자 한다면, 아리스토텔레스의 의견을 염두에 두고, 그가 지적한 함정을 피하는 것이 좋을 것이다.

교화와 계속적인 진리 추구 중, 후자를 선택하는 것이 질서정연하면서도 합리적으로 자유로운 삶의 추구에 더 적합하다. 진리는 진화하는 것이고, 손에 넣기 어려우며, 우리는 열렬한 관심을 가지고 진리를 추구할 만큼 충분히 자유로워야 한다. 진리는 실체가 없는 것처럼 위로부터 우리에게 주어져서는 안 된다. 우리 모두는 교수-학습과정의 일부를 구성해야 하며, 앎을 끝없이 찾아나서는 과정 속에서 훈련과 참여의 의미와 그 적절한 활용을 자신의 능력에 따라 학습해야 한다.

이란 사물의 사용방법을 뛰어넘어 '추상적 원리'를 가르치는 것, 곧 사물의 보이지 않는 이데아를 가르치는 것이었다. 이런 것은 당연히 사교육을 받을 수 있는 '시민'에게만 허용되었다. 교양교육, 곧 '파이데이아(모든 이를 위한 교육)'를 확립한 것이 바로 인류의 스승인 플라톤이며, 그 또한 아리스톤이라는 시민 가문의 출신이었다. 이렇듯 시민 개념은 한정된 사람들에게만 붙여지기 시작하여 오늘에 이르고 있다. 이 책 전반에 걸쳐 시민이라는 말이 자주 등장하는 것은 이 책의 주제와 관련이 깊다고 하겠다. -역자주.

제 2 장

성인교육의 목적과 구성

제 2 장

성인교육의 목적과 구성

목적이란 성취의 대상으로 삼고 있는 목표, 도달해야 하는 결과, 달성해야 할 성과이다. 교육목적을 수립하기 위해서는 '무엇을 성취하려고 하는가, 또 언제까지 그것을 해야 하는가'와 같은 질문을 던져야 한다. 또 특별히 의도하고 있는 바도 제시할 필요가 있다. 목적은 그 중요도에 따라, 아리스토텔레스의 행복한 삶을 위한 덕의 실천에서부터 앞으로 열네 달 안에 스페인어 독해를 마스터하겠다는 것에 이르기까지 다양하다. 그러나 중요도와 무관하게, 어느 경우나 소정의 결과를 얻기 위해서는 조심스러운 사고과정이 요구된다. 또한 목적은 이해가 가능하도록 기술해야 한다.

대부분의 성인학습은 명확한 목적 없이 이루어지고 있다. 이런 식의 '무목적적 학습'은 대개 대중매체, 일상 대화, 혹은 그와 유사한 무계획적인 학습경험의 결과로 발생한다. 그러나 명확하고 구체적인 결과를 기대하는 성인학습 프로그램의 경우, 참가자들이 교육적으로 성취 가능한 공식적 목적을 분명하게 인식하지 못한다면, 결국 그들의 기대에 미치지 못하는 결과를 낳게 된다. 목적의 중요도는 그 다음 문제이다. 시작단계에서 달성하고자 하는 목적을 알지 못한다면, 학습집단은 학습 프로그램의 진행 상황 역시 알 수 없을 것이라는 점을 지적하는 것만으로도 충분하다. 너무나 당연한 일이어서 언급할 필요도 없는 것으로 생각되는 목표설정과정이 실제로는 잘 이루어지지 않고 있어서, 오늘날 많은 성인학습 프로그램은 "빈약하게"(poorly) 목적을 제시하고 있거나, 아예 목적도 기술하고 있지 않다.

목적은 구성원, 상황, 수행과제에 따라 달라진다. 자유사회의 창조적 삶의 완성을 위한 성인교육은 현 사회체제를 보다 발전시킬 수 있는 사회적 시각과 관련한 목적을 설정한다. 그래서 특정 유형의 사회에서는 특정 목표들이 특정 목적을 달성하기 위해 설정된다.

1 성인교육의 주요 목적

여기서 제시하는 성인교육의 주된 목적은 성인이 자유롭고 창조적이며, 신뢰할 수 있고 또 생산적인 성숙한 시민으로 성장하는 데 도움을 줄 것이다. 이러한 성인교육의 목적은 성인이 사회질서에 기여하는 구성원으로 성장할 수 있도록 돕고, 그 성인에게 자신만의 인생목적을 달성할 기회를 지속적으로 제공해 준다.

다음에서 목적으로 제시된 각 항목은 성인교육에 있어서 필수적인 구성요소들을 강조하고 있다. 이 목적들을 기준으로 주입식 교육과 자유롭고 창조적이며 정선된 학습을 구별할 수 있다. 이러한 목적들은 인류 발전에 도움이 된다. 그러나 성인교육의 목적 역시 역동적이며 변화하는 사물의 질서의 일부이기에, 우리가 우리 자신, 그리고 우리 자신과 타인과의 관계에 대해 좀 더 많이 알아가는 과정에서 일정 부분 변화되거나 조정될 수도 있다.

아래에 제시하는 성인교육 목적의 기술순서는 그 중요도와 무관하며, 매우 축약된 것이다.

a. 학습자가 자신의 삶에서 행복과 삶의 의미를 얻도록 돕는다.
b. 학습자가 자기 자신, 자신의 재능과 한계, 그리고 타인과의 관계를 이해하도록 한다.
c. 성인이 평생학습의 필요성을 인지하고 이해할 수 있도록 한다.
d. 성인이 정신적, 문화적, 육체적, 정치적, 직업적으로 보다 성장할 수 있는 조건과 기회를 제공한다.
e. 문해능력, 직업기술, 건강대책 등 생존에 필요한 교육(education for survival)을 제공한다.[12]

(a) 학습자가 자신의 삶에서 행복과 삶의 의미를 얻도록 돕는다.

우리는 항상 만족과 평온한 마음을 지니고 살아갈 수 있는 인생의

12 이 책을 쓰던 1960년대 당시 영국의 대학진학률은 5%에 불과했다. 이는 제2차 세계대전의 영향이 컸다. 읽을 줄 아는 능력은 곧 이성을 사용할 수 있다는 것을 뜻했다. 파울로 프레이리가 말한 은행저축식 교육에 대한 비판으로 알려진 브라질, 6.25를 마친 한국, 제2차 세계대전의 패전국인 일본도 크게 다르지 않았다. 당시 각국의 지배엘리트들은 문해능력의 향상, 나아가 고등교육의 발전이 국가발전에 직결된다고 믿었다. 이는 오늘날 고등교육기관 진학률이 80%에 육박하는 한국과 비교해 보면 생각할 거리를 던져준다. —역자주.

길을 찾고자 노력한다. 그 노력의 대부분은 인생길 순례자의 개인적 요소들, 예를 들어 지식, 감성구조, 체력, 자신이 소유하고 있는 바를 활용하는 능력에 기반한 것이기 때문에, 사람들은 인생에 있어 서로 다른 것을 추구하고, 혹은 같은 것을 얻는 데 있어서도 서로 다른 방식을 생각해낸다. 그러나 인간이라면 누구나 안락 혹은 행복이라 불리는 만족을 찾으려 애쓴다.

어떤 사람은 순간적으로 또는 화학적으로 우리 몸을 변화시켜 행복감을 주는 약물을 복용한다. 인간은 힘든 삶을 견뎌내기 위해, 혹은 행복감을 얻으려는 본원적 욕구를 만족시키기 위해 흔히 술, 마약, 담배를 가까이 한다. 그러나 그것에서 얻는 만족감은 착각에 불과하다. 오히려 약물을 접하지 않는 것이 쉬운 길이다. 편한 길이란 없으며, 약물의 노예가 되면 헤어 나올 수 없다.

어떤 종교인들은 행복이란 지구상에서 충족될 수 없고, 우리가 존재해야 할 곳은 신과 함께 하는 영원 속의 공간이며, 이 궁극적인 목적에 도달하기 전까지는 만족할 수도 평안할 수도 없다고 말한다. 그러나 행복이란 궁극적인 목적으로 이끄는 길을 따름으로써 현실세계에서 도달할 수 있는 것이다.

행복을 추구하는 방법들이 어떤 사람에게는 만족을 가져다 줄 수 있지만, 다른 사람들에게는 그저 힘겨운 일일 수도 있다. 이러한 차이는 각자가 평생 동안 받은 교육에 기인한다.

인간 종의 탄생 이래, 인간은 다음 세대에게 수많은 것들을 가르치고 전달했다. 우리는 문명화 과정을 통해 살아남는 방법뿐만 아니라 인간의 능력을 발전시키는 방법을 배웠다. 상대방을 도움으로써 스스로를 도울 수 있다는 것은, 대부분의 사람이 갖는 느낌이 인간존재의 본성에 기반하고 있다는 견해를 뒷받침하는 한 가지 예라고 할 수 있다. 상대방을 도움으로써 스스로를 돕고자 하는 노력은 우리 인생의 목적을 달성하는 데 도움을 주고, 이를 통해 우리 마음에 만족과 행복을 안겨준다.

행복을 안겨줄 수 있는 몇 가지 방안들은 공공기관이 실시하는 정규 교육과정을 통해 학습할 수 있다. 인간의 성취는 만족감을 주기에, 우리는 타인을 돕고 이해하려 한다. 주변의 세계에 대하여, 우리가 어울리고자 하는 세계에 대하여 좀 더 알려는 노력은 우리 삶에 의미와 목적, 성취를 안겨준다. 궁극적인 만족이 바로 행복이라 할 수 있을 것이다. 우리의 경험은 이와 같은 생각을 담아내야 한다. 지도자들, 교육자들, 혹은 행정가들이 이러한 생각의 중요성을 절감할 수 있을 만큼 균형적이고, 또한 이와 같은 생각을 성인학습 프로그램에 통합시키기 위해 충분한 시간을 투자한다면, 모든 성인학습 프로그램은 실제로 인간의 행복을 도모할 수 있을 것이다.

수월성(excellence) 개념에 대한 오해는 많은 정서적인 문제들을 야기해왔다. 수월성이란 우리의 능력에 따라 정의되는 것이다. 자기 자식이 어떻게 해서든 승자가 되어야 한다거나, 자식의 재능이나 욕구에 맞지 않는 교육계획을 따라야 한다고 주장하는 부모는 훗날 아이가 극복하지 못할지도 모르는 잠재적인 정서적 문제들을 만들어내고 있는 것이다. 최선을 다한다는 것과 최고가 되는 것은 전혀 다른 목적이다.

수월성의 추구는 우리의 시각을 확장시키고, 문제점들을 좀 더 명확하게 규정하고 해결하며, 타인들에 대해 세심하게 배려하고, 새로운 발견에 대한 흥미를 즐기도록 하는 것 등을 통해 삶에 의미를 부여한다.

우리는 역동적이고 탐구적인 존재로 창조되었으며, 인간본성에 대한 탐구와 사회적 역할 수행은 활동력과 성장을 고무하여 삶에 의미를 부여한다. 이러한 수월성의 추구는 인간의 성취와 행복의 수단이 된다.

(b) 학습자가 자기 자신, 자신의 재능과 한계, 그리고 타인과의 관계를 이해하도록 한다.

고대나 현대나 할 것 없이 현자들은 모두 자기이해를 강조하고 있다. "너 자신을 알라"와 "자기 마음부터 바라보아야 한다"는 등의 격언들이 그러하다. 이러한 가르침의 대부분은 깊은 인상을 남기지 못할 만큼 진부하게 받아들여지고 있다. 성인교육이 제시하고 있는 다른 많은 아이디어들과 마찬가지로, 자기이해 역시 새로운 것은 아니다. 그러나 우리가 안고 있는 과제 중의 하나는 우리가 이미 알고 있는 것들을 이해하고 건설적으로 사용하는 것이다.

자신을 이해하는 과정은 대개 비형식적인 경험학습의 유형을 보인다. 매우 비형식적이라 할 수 있는 시행착오 역시 자기이해를 위한 방법이다. 최근에는 자신을 보다 잘 이해하기 위해 정신분석을 받는 사람들도 있다. 그러나 이와 같이 시간과 비용이 많이 소비되는 학습방법은 대부분의 사람들에게는 부적절하다. 좋은 문학작품은 수많은 행동양식의 모형을 제시하고 있다. 이러한 정보는 우리와 타인의 본성을 이해하는 데 도움이 된다.

그 방법이 무엇이건 간에, 우리는 우리 자신에 대해 알아야 한다. 자신과 타인에게 훌륭하게 대처하는 것은 나 자신에 대한 이해, 그리고 현재 내가 할 수 있는 일과 밀접하게 관련된다. 할 수 있는 일과 할 수 없는 일을 파악하는 것은 우리가 최선을 다할 수 있도록 도와주고, 재능을 넘어서는 영역에까지 손을 대 괜한 힘을 낭비하는 것을 막는다.

얼마 전 한 대중가요는 "네가 할 수 있는 일이라면, 나는 더 잘할 수 있다"라고 노래하였다. 이 가사가 많은 사람들을 즐겁게 했는지는 모르겠지만, 어떤 사람들은 정말 열심히 하기만 하면 어떤 일이라도 할 수 있다고 생각한다. 그러나 이렇게 비현실적인 사람들은 종종 실망과 좌절을 맛보게 된다. 자신감(self-confidence)과 자기존중(self-esteem)은 정서적 건강과 성공에 있어 중요한 요소이다. 이 자신감과 자기존중은 자기 한계를 이해하며, 자기 한계 범위 안에서 재능을 발견하고 활용하는 속에서 얻어질 수 있다.

성인교육은 학습자가 통일체(whole)[13]를 이룰 수 있도록, 즉 그의 인생의 파편들이 세상 어디에도 없는 유일무이한 하나로 통합될 수 있도록 도와주는 방향으로 실시되어야 한다. 인간은 누구나 사회라는 드라마에서 중요한 배역을 맡고 있으며, 역할을 잘 연기하는 방법뿐만 아니라 그 역할이 가지고 있는 의미에 관해서도 학습해야 한다. 나의 역할만 따로 분리해 생각하면, 역할을 제대로 파악해낼 수 없다. 역할의 의미는 타인과의 관계 속에서만 학습할 수 있다.

자신을 이해하려는 노력을 통해 우리는 자신의 장점과 단점, 선한

---

13 이 책에서 빈번하게 등장하고 저자의 중심생각을 담은 말이랄 수 있는 '독특성/고유성(uniqueness)'과 '관계성(relatedness)'의 합일은 '통일체/총체성(wholeness)'으로 표현된다. 유사한 의미에서 『신성한 경제학의 시대』(*Sacred Economics, 2011*)의 저자 찰스 아이젠스타인도 이에 관해 말한다. "그렇다면 신성이란 무엇인가? 신성에는 고유성과 관계성이라는 두 가지 측면이 있다. 신성한 사물 혹은 독특한 존재란 독특하고도 유일무이해서, 한없이 귀하고 다른 무엇으로도 대체 불가능하다. 대체물이 없기에 한정된 '값'을 매길 수도 없다. … 우리는 신성을 잃은 세계에 살고 있다. 그래서 신성한 세계에 살고 있다는 느낌을 주는 것을 찾아보기 어렵다. 대량생산, 규격화된 상품, 비슷비슷하게 지은 집, 똑같이 포장된 음식, 각종 기관 직원들과의 익명적 관계, 이 모두가 고유성을 부정한다. 먼 곳에서 생산된 물건, 익명적 관계, 생산 및 처분 과정을 알 수 없는 상품, 이 모두가 관계성을 부정한다. … 관계성과 고유성을 부정하는 모든 것들 중에 으뜸은 물론 돈이다(국역본, 9-10쪽)."

면과 악한 면, 재능과 한계를 파악할 수 있다. 바로 여기서부터 변화가 시작된다. 현 상황을 파악하기 전에 변화를 도모하는 것은 불가능하다. 또한 혼자 힘으로 변화를 이루어낼 수 있을지 모르나, 역시 다른 사람들에게 의탁해야 하는 부분들이 있다. 진정 학습하고자 한다면, 내가 알아야 하는 것이 과연 무엇인가부터 인식해야 한다. 그리고 무엇보다 먼저 파악해야 하는 것은 바로 우리 자신이다.

스스로에 대하여 좀 더 잘 알게 되었을 때, 우리가 발견한 것에 대하여 충격을 받거나 실망하거나 혹은 기뻐할 필요는 없다. 최대한 객관적인 시각으로 자신을 평가하고, 진보를 향한 끊임없는 작업을 시작해야 한다.

(c) 성인이 평생학습의 필요성을 인지하고 이해할 수 있도록 한다.

루소(Rousseau)는 인간은 자유롭게 태어나지만, 어디에서나 구속받고 있다고 말한다. 이 말은 매우 극적인 진술이다. 인간은 아마도 속박 없이 태어나겠지만, 어떤 부분은 스스로 자신을 구속하고, 또 어떤 부분은 시간이 흐름에 따라 그를 둘러싸고 있는 환경 전반과 그가 부분을 이루고 있는 사회에 의해 구속된다. 그러나 인간은 사회의 일부이기도 하며, 사회구조에 관해 논할 기회를 부여받아 자신의 운명에 영향을 미치는 어떤 강제적인 힘을 조정할 기회를 가질 수도 있다. 루소의 시대에는 자유로운 표현의 기회가 제한적이었고, 그렇기에 그는 사회체제가 인간을 노예화하는 주된 요소라 지적할 수 있었다. 오늘날 우리는 사회체제를 비난할 수 있다. 그러나 일반적으로 우리가 쏟아대는 비난은 사회에 대한 책임 회피나 자기 과업의 실패에 대한 은폐에 불과하다. 우리가 비난하는 사회는 진정한 시민이 되기 위해 당당하게 도전한다면 우리같이 평범한 사람들에게 그만한 기회를 제공해 주기도 한다.

아리스토텔레스(Aristotle)는 민주정치가 훌륭한 정치제도라고 평가하지 않았다. 그는 인간이란 자기 이익에 비추어 살아가며, 공공의 목적에는 거의 관심이 없다고 생각했다. 인간은 쉽게 이런 저런 선동가들에게 동요되고, 원칙과 질서보다는 손에 쥐어지는 바에 따라 움직인다.

홉스(Hobbes)는 인간 본성에서 기인하는 위험을 인간을 이해하는 가장 중요한 요인이라 생각했다. 그는 인간이란 권력을 추구하며, 만인에 의한 만인의 투쟁에서 스스로를 보호하고자 결국 권력에 대한 복종을 선택한다고 논했다.

질서의 수립과 유지는 수 세기 동안 책임감을 가지고 사회를 관찰한 사람들의 관심사였다.[14] 어떤 이들은 민주주의가 과연 인간본성에 적합한 제도인가에 대해 심각한 의문을 제기했다. 그러나 분명한 사실은 만약 민주주의가 살아남으려면, 시민들이 민주사회를 구성하는 다양한 공공기관의 일들에 이성적으로 참여해야 한다는 것이다. 그런데 이러한 이성적인 참여는 교육을 통해 가능하다.

계속교육(continuous education)은 사치가 아니라 필수이다. 교육은

---

14 본문에 나오는 루소에 앞서 태어난 영국의 로크(Locke, 1632~1704)는 사회와 계약 관념 사이의 모순을 드러낸 '갈등기'의 인물이라 할만하다. 그는 『통치론』에서 하나님이 우리에게 공동체를 선물했다고 말한다. 즉, 사람들이 사회를 이루는 것은 신의 뜻이며 거기에 주어진 자연법 -사람을 죽이지 말라 따위- 에 따라 살면 된다. 동시에 그는 이 공동체가 '계약'을 맺어야만 평화로울 수 있다고 말하였다. 이 때 계약의 주체는 '젠틀맨'으로서 노예와 토지를 소유한 이들이다. 이들의 재산을 빼앗으려는 영국 국교회와 갈등이 생기자 이들은 '계약' 관념을 무기삼아 미국으로 건너간다. 로크에게는 아직 '모든' 사람들의 자발적 집합체인 '사회'라는 관념이 희미했음을 보여준다. －역자주.

사회가 소수에 의한 지배에서 다수에 의한 지배로 이행하는 데 있어 필요조건이다. 그러나 한 가지 주의해야 할 사실은 어린이들을 학교에 보내는 것만으로는 충분하지 못하다는 점이다. 오늘날 우리는 성인교육의 필요성에 대해서는 아주 소극적이면서, 아동교육은 지나치게 적극적으로 강조하는 경향이 있다. 아동교육의 필요성이 심각한 만큼, 성인교육의 필요성도 심각하다. 권리의 유지와 확장에 수반된 책임을 인식하고 공유하는 방법을 모른다면, 자유사회가 제공하는 권리를 지속적으로 향유할 수 없다. 이것은 학습을 필요로 한다. 신중하게 선택하고 사회적 책무에 있어 자기 몫을 다하는 방법을 알아야만, 인간은 이 노력의 열매를 즐길 수 있다.

자유사회에 있어 학습의 중요성을 사람들에게 확신시키는 작업은 성인교육의 주된 목적 중 하나이다. 우리 대부분은 공공의 복지에 대해 냉담하거나 무관심하다. "나는 그저 다른 사람들이 각자 자기 앞가림을 할 수 있도록 내버려두기만 하면 된다"와 같은 태도는 민주시민에게 합당한 주장이 아니다. 일할 수 있는 사람이라면 일해야 한다. 그러나 그 사람이 일하는 방식이나 책임을 수행하는 방법, 그리고 사회가 그에게 요구하는 바를 모를 수도 있다. 바로 이것이 성인교육의 과업에 해당되는 일이다. 시민이라면 알아야 할 것을 알아야 하고, 그가 아는 바에 대해 이성적으로 행동해야 한다. 그렇지 않으면, 다른 누군가가 그를 대신할 것이다. 물리적으로 자연이 진공상태를 용납하지 않는 것처럼, 사회에서도 무엇인가가 틈새를 채우려 한다. 누군가가 앞에 나서서 우리에게 무엇을 언제, 어떻게 해야 한다고 이야기해주고, 사고와 책임이라는 짐을 덜어주면서 그저 복종하도록 할 소지는 항상 존재한다.

다양한 주제에 대하여 지속적으로 학습하고 그 내용을 실천함으로써, 우리는 사회에 참여하는 방식을 학습할 수 있다. 역사, 미술, 음악, 원예, 정치에 대하여 좀 더 알아나갈수록 사물의 상대적 중요성과 그들의 진정한 관계를 파악할 수 있는 능력이 향상된다.

성인교육은 성인에게 교육기회를 제공하는 동시에, 모든 성인들이 자유사회에 있어 성인학습의 지속적인 그리고 절실한 필요성을 이해할 수 있도록 도와주어야 한다.

(d) 성인이 정신적, 문화적, 육체적, 정치적, 직업적으로 보다 성장할 수 있는 조건과 기회를 제공한다.

우리는 역동적이고, 변화하며, 진화하는 드라마의 출연진이기에, 우리에게 항상 예기치 못한 일들이 일어난다. 우리는 자신의 잠재력을 발견하려는 노력을 통해 발전과 성장으로 진보하고 있거나, 아니면 재능개발을 점점 더 소홀히 하여 퇴보하고 있다. 인간은 결코 고정된 상태로 머물러 있지 않다. 우리는 성장을 촉구하는 본성의 일부만을 사용하거나 이 정도면 충분하다는 식으로, 우리가 할 수 있는 게 그다지 많지 않을 거라는 생각에 빠져들고 있다.

성인교육 프로그램을 실시하는 기관은 성숙의 과정을 이해하고 매력적으로 만들어주는 조건들을 설정하고, 그러한 기회를 제공해야 한다. 모든 인간을 교육대상으로 설정하지 않는다면 성인교육은 그 소임을 다했다고 말할 수 없다. 학습 프로그램은 대개 고도로 특화된 영역을 중심으로 진행된다. 따라서 전인(全人)으로 성장하기 위해 노력하는 존재로 인간을 바라보려는 노력을 찾아보기 힘들다. 각 기관은 자기 기관의 입장만 고수한다. 그래서 생각하고, 비교검토하고, 평가하는 것보다는 남이 했던 말을 반복하게 하는 성인들을 양산한다. 이러다 보니 우리 대부분은 당연히 문제의 양면을 보지 못한다. 우리는

"옳은" 면이라 평가되는 한 면만을 바라보도록 훈련받았고, 이런 훈련의 결과 빠르고 단순한 "예 혹은 아니요" 식의 대답만을 추구하며, 그것에 만족한다. 그러나 성인이 다루는 수많은 문제들은 단순하지 않다. 대개의 상황은 복잡하고, 답은 불확실하다. 그래서 우리는 잠정적인 해답을 가지고 살아가는 법을 배워야 한다.

우리 사회에는 성인의 정신적 성장을 강조하는 기관도 있고, 직업적 개발을 강조하는 기관도 있다. 하지만 자신들이 관심을 두고 있는 특정한 영역을 전체적인 수준에서 통합하려고 노력하는 기관은 매우 드물다. 그래서 인간의 성장은 방해를 받는다. 물론 모든 영역에서 같은 시간에 같은 비율로 인간이 성장하기를 기대한다는 것은 비현실적이지만, 모든 기관들이 조금씩 노력한다면 학습자는 문제해결에 있어 관계의 중요성을 보다 잘 이해할 수 있을 것이다.

성인교육 프로그램 진행자는 모든 학습자가 이 교육을 통해 미성숙에서 성숙으로 진보할 것이며, 이 과정은 자신의 삶의 여러 면과 관련된다고 깨닫게 될 것임을 확신해야 한다. 또한 반드시 이러한 각 삶의 단면들이 모든 다른 단면들과 연계하여 성장해야 한다. 그리고 어느 한 기관만이 아니라 이 사회의 모든 기관들이 인간의 전인적 성장에 기여해야 할 책임이 있다.

성인교육을 담당하고 있는 기관이라면 간단하지만 중요한 두 가지 조치를 취해야 한다. 첫째, 공공기관은 성인의 성숙과정을 촉진할 책임이 있음을 인식해야 한다는 것이다. 둘째, 성숙과정의 촉진이라는 중요한 과업에 있어 맡은 바 책임을 효과적으로 수행하기 위해, 각 기관들은 교육 프로그램을 연계적으로 또 통합적으로 구성하는 방법을 배워야 한다.

(e) 문해능력, 직업기술, 건강대책 등 생존에 필요한 교육을 제공한다.

성인교육은 포괄적인 기획이어야 한다. 대부분의 경우 성인교육 프로그램은 경제 호황기에 증가한다. 풍요한 사회에서는 소위 문화사업에 보다 더 많은 관심을 쏟게 되는데, 그 이유는 직업 외의 일에 투자할 시간이 증가하고, 좀 더 많은 돈을 생계 이외의 일에 소비할 수 있는 호황기이기 때문이다. 문명의 진보는 분명 매우 중요한 일이며, 성인계속교육은 이 부유한 지역에서 문명화의 중요 요인으로 역할하게 될 것이다.

그러나 전 세계에 걸쳐 많은 사람들이 매달려 있는 문제는 문화적 혹은 직업적 진보가 아니라, 냉혹한 생존의 문제이다. 미국의 일부 지역을 포함한 세계 여러 지역의 사람들이 한계 이하의 생활수준을 벗어날 수단을 갖고 있지 못하거나 혹은 그들이 가진 능력을 최대한 활용할 수 있는 방법을 모르고 있다. 이 같은 문제의 심각성과 도움이 필요한 사람들의 숫자를 생각한다면, 성인교육의 주된 목적 중 하나는 바로 사람들이 생존을 위한 기초적인 기술을 개발하고 활용할 수 있는 방법을 학습하도록 지원하는 것이다.

오늘날 많은 사람들이 생존에 적합하지 않은 땅, 또는 땅은 훌륭하더라도 그에 맞는 경작수단이 불충분한 곳에서 생존을 위해 노력하고 있다. 대단히 많은 사람들이 아직도 읽고 쓰지 못한다. 그리고 세계인구의 대부분이 기본적 위생, 건강대책에 관하여 여전히 거의 아는 바가 없다.

이 불우한 사람들의 평안과 만족을 위해, 그리고 세계의 안녕을 위해, 이들을 지원하는 일은 무엇보다 중요하다. 그들에게 도움을 주어야만 하는 첫 번째 이유는 가지지 못한 자와 나누는 것이 우리의 책임이기 때문이다. 두 번째 이유는 오늘날의 세계는 한 곳에 문제가 생기면 다른 곳에서도 문제를 느낄 수 있을 만큼 좁아졌기 때문에, 불우한 지역의 성인들 역시 읽고 쓰고, 보다 일을 잘 할 수 있는 방법을 학습할 수 있도록 해야 하기 때문이다.

그동안 생존문제의 실질적 해결뿐만 아니라, 이러한 문제의 심각성에 대한 인식의 진전이 어느 정도 이루어져 왔다. 하지만 이제 겨우 그 표면만 건드렸을 뿐이다. 많은 돈이 투자되어야 하고, 사람들을 훈련시켜야 한다. 그러나 사람들을 훈련시키는 일은 지금까지 간과되어 왔으며, 그 결과 극소수의 훈련된 전문 성인교육자들이 광범위한 성인교육 과제를 떠맡고 있다.

현재 선교사, 여러 나라의 해외 봉사대원들 그리고 생존교육 프로그램을 운영하고 있는 나라들에서 파견된 소수의 요원들에 의해서 이러한 과제가 수행되고 있다. 그러나 이같이 막중한 책임은 훈련된 전문인력에 의해 대규모로 이루어져야 한다. 하나의 단체 혹은 국가가 홀로 이러한 임무를 수행해야 하는 것도 아니며 할 수도 없다. 모든 단체, 기관, 국가가 공동으로 훈련된 전문인력을 투입해야 하고, 심각한 국제적 문제를 야기하는 생존의 문제를 해결해내야 한다.

2 성인교육의 구성

성인교육은 가정, 교회, 노조, 학교, 회사, 그리고 농민조합과 같이 이미 존재하고 있는 사회기관들을 통해 구조화되었을 때 효과를 발휘할 수 있다. 여기서 "기관"이란 그 구성원들이 특정 사회조직을 통해 드러내는 상호관심사와 기능을 공유하고 있는 협동체를 말한다.

성인교육이란 인간의 성장과 성숙, 궁극적으로 풍요로운 삶을 도모하는 것이기에, 이를 이루어 낼 수 있는 협력적 방안을 자유롭게 모색할 수 있어야 하며, 사적 권력이나 정부의 억압에서도 벗어나야 한다. 교육을 행하는 과정에서 실수를 할 수도 있지만, 실수 역시 발전과 성장의 과정으로 인식되어야 한다. 즉, 힘닿는 한 진정으로 성숙한 인간이 되려고 노력하는 사람들을 성장시키는 사회적 환경이 요구된다. 그리고 이러한 환경을 조성할 수 있는 것은 바로 우리 사회를 구성하고 있는 각종 기관들이다.

사회의 모든 기관들은 수업, 강연, 회합, 토론을 통해 형식적으로, 또는 조직에 반영되어 있는 정책과 태도를 통해 비형식적으로 구성원들에게 무엇인가를 가르친다. 후자의 경우와 같은 정책이나 태도 등을 통한 학습은 대개 우연히 발생하며, 경험을 통한 비형식적 학습이다. 물론 이 역시 학습이다. 그러나 우리 사회 상당수 기관에서 일어나는 학습의 대부분이 비형식적 학습이라는 것은 안타까운 일이다. 그러한 기관들은 사회적 책임을 다하지 않고 있으며, 구성원들을 위한 정규 학습 프로그램 운영에도 거의 노력을 기울이지 않는다.

때로 사회의 각 기관은 자기 조직을 전체 사회와는 거리를 두고 조직된, 혹은 자기 조직을 번영시킬 수 있는 일들에만 힘을 쏟으면 되는 분화된 유기체라고 생각한다. 그들은 종종 교육에 대한 책임을 자기 기관의 전문분야로 한정한다. 전인(全人) 형성에 대한 책임을 공정하게 수행하고 있는 기관은 극소수에 불과하다. 우리 대부분은 컴퓨터를 프로그래밍 하느라, 비용을 줄여 더 많은 돈을 벌고 더 많은 것들을 살 수 있도록 훨씬 빠르고 효과적인 업무수행방법을 고안해 내느라 바빠서, 우리에게 무슨 일이 일어나는지, 무엇이 필요한지, 사회적 질서가 이익인지 고통인지에 대해서 생각할 겨를이 없다.

성인의 실존에 관한 광범위한 정보들이 존재한다.[15] 우리의 본성은 몇 세기 동안 철학자와 극작가, 과학자들에 의해 연구, 보고되어왔다. 우리가 시간을 들이고 관심을 기울인 것보다 훨씬 많이 우리 자신을 알게 되었다. 대부분의 경우 성인에 관한 심리적, 육체적 사실을 아는 것은 특정한 목적에 복무하도록 그를 훈련시키는 방향으로 이루어져 왔다. 공장에서 그는 어떤 종류의 기계 다루는 법을 배우고 특정한 스위치와 버튼에 익숙해진다. 군대는 그에게 이런 종류의 훈련을 받지 않았다면 못했을 일을 가르치고, 교회는 그에게 믿지 않았다면 잃었을 믿음과 죄에 대한 고백을 하도록 가르친다.

인간 성장을 위해 성인교육은 광범위하고 다양해야 한다. 그러므로 성인이 소속되어 있는 모든 공적, 사적 기관들은 이러한 과업을 다 함께 수행하여야 한다. 성인학습자는 언제나 그가 배운 내용들을 모든 삶의 영역과 가능한 한 일치시켜야 한다. 성인의 삶이 가지고 있는 총체적인 문제에 대한 고민을 통해 서로서로를 도우려는 아주 작은 발걸음이라도 시작한다면, 모든 기관과 학습자가 서로에게 도움을 받을 수 있을 것이다. 하지만 이와 다른 길은 인간존재를 혼돈시키는 분열뿐이다. 교회, 공장, 농장에서 자신들은 장님 코끼리 만지듯 파편만을 가르치면 그만이라고 생각한다면, 이 집단은 실패하고 있는 것이

15 유발 하라리의 『사피엔스』(2015)는 인류의 진보에 관한 많은 객관적 정보들을 알려준다. 예를 들어, "일부 학자는 익혀 먹는 화식(火食)의 등장, 인간의 창자가 짧아진 것, 뇌가 커진 것 사이에 직접적인 연관이 있다고 생각한다. … 불은 인간과 다른 동물 사이에 처음으로 현격한 차이를 만들어냈다. … 불의 힘이 신체의 형태나 구조, 힘의 한계를 뛰어넘는다(32－33쪽)"와 같이 고고학적, 과학적 접근을 토대로 인간의 본성을 설명한다.

다. 왜냐하면 학습자에게 전체를 조망할 기회가 주어지지 않기 때문이다. 학습자는 조각난 부분들만을 알고, 누구도 부분들을 관계 지어 전체적으로 바라볼 수 있도록 가르쳐주지 않는다. 결국 우리는 훈련받은 대로 고립되고 불완전한 방식으로 사고하게 된다. 그리고 이러한 사고방식은 개인과 집단 모두에게 불행을 가져온다.

학교와 대학도 다른 기관들과 마찬가지로 전인 육성이라는 자신들의 의무를 태만히 하고 있다. 학생들은 학교 수업에서 자기 문제, 자기 삶과 어떠한 연관성도 발견하지 못한다. 학생들은 학교에 다니고 과정을 수강하면 도움이 되고, 학교를 마치면 교양 있게 될 것이라고 들었다. 학교를 마치면, 설득력 있게 말하고, 다리를 건설하고, 복잡한 논리학 문제를 잘 해결할 수 있을지도 모른다. 그러나 자신만큼 "배우지 못한" 형제들을 아주 싫어할 수도 있고 장기간의 형식적 교육을 받지 못한 사람들과 마찬가지로 광신적 애국주의에 빠질 수도 있다. 또한 다른 사람들과 별반 다르지 않게 개인적·가정적 문제로 고민하기도 한다.

어떤 기관들은 편협한 학습 프로그램을 설계하고 결정방법을 가르쳐주는 대신, 기관에서 결정을 내리며 학습에 공포를 자주 활용함으로써 알게 모르게 미성숙을 조장한다. 이런 과정들은 모두 분열을 촉진할 뿐이다.

인간의 행동을 잠시라도 관찰해보면 학자가 아니라도 누구나 지나친 통제와 공포, 심한 간섭, 참여기회 단절, 자유·훈육·금지에 대한 이해 부족이 어떠한 결과를 초래할지 쉽게 알 수 있을 것이다.

마음이 혼란스러울 때, 우리는 해답이나 위안을 찾는다. 때로는 답을 구하려는 노력이 상황을 악화시키기도 한다. 육체적·심리적 폭력에 가담하기도 하고, 책임을 회피하기도 하며, 문제해결을 제대로 못해 점점 더 쓸모없는 시민이 될 수도 있다. 문제해결에 기여하여 자신의 정당한 위치를 차지하는 것보다, 문제를 잘 알고 있다고 생각되는 사람들에게 문제해결을 의탁하거나 그들의 입장을 지지하는 것이 훨씬 손쉽다고 생각하게 된다.

동서고금의 증오스러운 전쟁들은 모두 무지와 불신의 소산이다. 전쟁, 폭동, 파업 등과 같은 사회 병폐는 대개 오랜 시간 경시해 온 사소한 개인적·집단적 문제들이 폭발한 것이다. 지도자들은 개인적인 권력투쟁에 휘말리고, 근원적 문제에 대한 진정한 해결책은 결코 제시하지 못한다. 폭력의 오랜 친구인 무지와 자만심은 거의 모든 사회적 재앙의 원인이며, 폭력은 기껏해야 일시적인 문제 해결책일 뿐이다.

가정과 여타 기관의 행위에 책임이 있는 우리들은 공유, 생산적 참여, 파괴보다는 성숙을 위한 정서 조절, 자기 일에 대한 분명한 인식, 자기행동 평가방법 등을 학습해야 한다. 이와 같은 폭력과 증오와 복수의 대안을 위해 우리 사회 기관 구성원들 모두가 지속적으로 학습해야 하며, 효과적인 학습을 위해서는 무엇보다 인내와 이성적 고찰이 요구된다.

이런 유형의 교육에는 혜택 받지 못한 사람들과 학교교육을 받지 못한 사람들이 참여해야 하는 것이라고 전제해서는 곤란하다. 특권층, 사회지도자, 학식 있는 사람들 역시 폭력의 대안을 제시해줄 수 있는 교육에 참여해야 한다.

우리는 스스로를 돕고 우리에게 주어진 기회를 사용하는 방법을 배워야 한다. 우리의 모든 문제를 책임지려 드는 기관들을 경계하는 방법도 학습해야 한다. 예를 들자면, 뻔한 일들을 포착해서 뭔가를 안겨주기는 하지만 그의 정치생명 유지에 도움을 주는 일들을 제외하고는 시민의 참여를 요구하지 않는 정치가, 조합원 전체의 참여를 꺼리는 노동조합, 자신들이 봉사해야 할 사람들보다는 회원들의 이익에 더 관심이 있는 전문가 협회는 경계하자.

개인과 집단의 발전에 장애가 되는 이러한 문제에 대한 해결책은 간단한 일이 아니다. 게다가 이러한 문제의 발생이나 해결에 대한 책임이 특정 개인이나 기관에게만 있는 것도 아니다. 모든 사람과 기관이 단지 육체적 생존을 위해서가 아니라, 인간 정신과 영혼의 생존과 성장을 위해서도 이 거대한 싸움에서 각자의 책임을 다해야 한다. 어떤 면에서는 우리 모두가 문제 발생에 책임이 있기 때문에, 우리는 문제해결이라는 과제에서 자신의 몫을 확인하고 받아들여야 한다.

우선 우리 자신도 사람들의 사고방식에 영향을 미치는 여러 기관의 개인 구성원으로서 책임이 있음을 인식해야 한다. 우리들 각자는 적어도 하나 이상의 기관에 소속되어 있으며, 어느 정도 영향력을 가지고 일하고 있다. 예를 들면, 교회, 가정, 공장, 학교, 농민조합, 정부, 병원, 도서관, 봉사 단체, 노조 등의 기관에 소속되어 있다. 이들 기관은 원래의 설립 목적에 기여하는 기관인 동시에 성인교육기관이다. 왜냐하면 이들 기관은 모두 우리가 사고하고 행동하는 방식에 있어서 어떤 변화를 일으키게 할 수 있기 때문이다.

우리는 종종 사람들이 쉽게 책임지지 않을 것이라는 생각에 골치아파한다. 사람들은 항상 누군가가 해야 할 일을 결정해주기만 기다리고 있다는 것이다. 그러나 이러한 상황에 대해 불평하기보다는, 사람들에게 책임을 받아들이는 방법, 이유, 때, 장소를 가르칠 수 있는 학습 프로그램을 개발하자. 우리는 각 개인에게 그가 할 수 있는 한도, 혹은 그가 떠맡을 수 있는 범위 내에서 책임을 완수할 수 있도록 가르침으로써 이와 같은 문제의 해결에 도움을 줄 수 있다.

사람들은 자신이 속해 있는 모든 기관에서 세상사들을 배운다. 각

세대의 지식은 다음 세대에 반드시 전달되어야 하고, 이러한 전달의 대부분은 보여주기와 말하기의 형태로 이루어진다. 이때 전달되는 지식 중에는 스스로 사고하는 법과 특정 세대에게만 해당되는 고유한 방법도 포함된다. 그런데 우리가 간혹 실패하는 부분이 바로 이 두 지점이다. 우리는 성장해 나가는 방법을 학습하는 일에서 다른 사람과 공유하지 못하는 것이다. 이런 현상은 나만 혼자 실력자가 되어 다른 사람들을 밀어내고 싶기 때문이기도 하고, 그 사람을 너무 사랑해서이기도 하며, 때로는 그 사람이 그 일을 감당할 만큼 영리하거나 경험이 풍부하지 못하기 때문이기도 하다. 어떤 경우이든 우리는 그가 책임을 질만한 준비가 되어있지 않다고 생각한다. 그러다가 그는 준비가 안 된 상태에서 갑자기 생계비, 가족부양, 다양한 시민으로서의 책임을 떠맡게 된다. 하지만 이런 일들에 대처하는 방법에 대해 교육받은 행운아들은 소수에 불과하다. 그럼에도 불구하고 사람들은 어찌된 일인지 성인이 되면, 그러니까 신체성장이 끝나고 스물한 살이 되면 생계, 부양, 시민의 책임을 감당할 능력이 갑자기 자동적으로 만개할 것이라고 생각한다.

삶을 유지하고 성숙한 태도를 개발하는 방법에 대한 학습은 갑자기, 신비스럽게 이루어질 수 있는 일이 아니다. 어쨌든 그것은 배워야 하는 것이며 그렇지 않으면 전혀 학습되지 않는다. 그리고 꼴사납게 또는 공격적으로 허둥대거나 아는 척한다거나 혹은 불필요한 방어기제들을 만들어 내는 식으로 삶에 대처해 나가는 것은 우리가 제대로 배우지 못하였기 때문일 것이다.

어쨌든 기관을 활용하는 것이 성인교육의 다양한 문제해결에 실질적이고 효과적이다. 그것은 다른 어떤 접근보다도 좋은 방법이라 생각된다. 우리 모두는 어느 기관에든 소속되어 있고, 그 기관에 모인다. 그리고 성인교육 프로그램 운영에 있어서 핵심이라 할 수 있는 공통의 이해도 충분히 갖고 있다. 기관 내에 학습집단을 꾸리는 것은 다양한 기관 출신의 광범위한 집단을 꾸리는 것보다 물리적으로 용이할 뿐만 아니라, 학습 참가자들에게도 보다 자연스럽다. 넓게 보면, 잠재적 학습집단(the potential learning group)은 이미 형성되어 있다. 완전하게 새로운 집단을 만들 필요는 없다. 성인은 친숙한 환경에서 보다 편안한 느낌을 받으며, 이러한 느낌은 학습과정을 용이하게 한다. 더욱이, 기관은 성인교육 프로그램을 개발하고 실시하기 위해 요구되는 의사소통의 통로를 가지고 있으며, 안정적으로 교육 사업을 유지할 수 있는 인력과 관리조직을 확보하고 있다.

나름대로의 설립이념을 가지고 있다는 측면 역시, 기존의 기관들이 효과적인 교육 프로그램을 개발하고 유지하기에 유용한 환경적 요인이다. 그 기관의 목적이 누구에게나 바람직하다고 할 수는 없겠지만, 적어도 기관의 구성원들은 기관의 설립이념에 익숙할 것이고, 따라서 성인교육자는 바로 거기서부터 출발할 수 있다.

때때로 기관이 전체사회를 생각하지 않고, 구성원들에게 자기 기관과 기관의 입장에만 충성을 다하도록 가르치는 일이 있는데, 이것은 엄청난 폐해를 낳는다. 이러한 가르침은 그 조직을 약화시키고, 결국에는 무너뜨린다. 이와 같은 엄청난 폐해는 성인교육자가 각 기관으로 하여금 총체적인 사회적 의무이행의 중요성을 점진적으로 깨달아갈 수 있도록 도와줌으로써 개선될 수 있다.

지역사회 차원에서 성인교육을 살펴보자. 각 기관들이 지역사회의 전체 모임에 그 대표자를 보내는 경우, 때로 각 기관의 대표자들은 다른 사람들이 받아들이기 힘들지도 모를 자기 기관의 입장을 고집하기도 한다. 모두가 사회복지에 관심이 있는 것은 아니다. 우리는 다른 사람의 주장에 타협하거나 주장을 받아들일 때 자신의 권리를 포기하고 있다고 생각한다. 그러나 성인교육을 위한 지역사회 차원의 전체위원회는 분명 도움이 된다. 왜냐하면 지역사회를 구성하는 기관의 대표자들로 구성된 전체위원회는 다음과 같은 서비스를 제공할 수 있기 때문이다.

1. 지역사회가 제공하는 다양한 성인교육 프로그램에 대한 홍보와 정보교육
2. 지역사회 전체와 그 구성 기관에서의 성인교육 진흥
3. 성인교육 프로그램의 도움을 필요로 하는 사람들에 대한 상담과 지원

기관들은 다소 중복되더라도 자체 프로그램을 운영해야 한다. 중복되는 듯한 프로그램들이 때때로 독특한 형태를 나타내는데, 그것은 같은 프로그램이라도 관리자에 따라 다른 방식으로 운영될 수 있기 때문이다. 물론, 완전히 중복된 프로그램도 있을 수 있겠지만, 이 경우도 표준화를 기할 수 있다는 이점이 있다.

또한 각 기관에게 자신들의 프로그램에 대한 책임이 있다는 점이 강조되어야 한다. 정부기관과 다른 사회 기관 간의 협력도 강점일 수 있다. 그리고 각 기관의 교수과정에는 기관을 전체사회와 연계시키려는 노력이 더해져야 한다. 이와 같은 교수과정이 실시되고, 또 그 과정을 마친 많은 성인학습자들이 조만간 여러 기관에 참여한다면 파벌주의의 위험도 감소할 것이다.

기관을 중심으로 한 접근의 이점은 모든 성인이 하나 이상의 기관에 소속되어 있다는 것이다. 예를 들어, 어떤 성인의 경우 가족이 있

고, 회사에 다니고, 예배에 참석한다. 다양한 기관에 소속되어 있다는 사실은 소속된 모든 기관들이 보다 폭넓은 시야를 가질 수 있도록 도와주기만 한다면, 사회적 관계를 읽어내는 데 도움을 줄 수 있다. 그러나 어떤 기관들은 이런 측면에 그다지 도움이 되지 못한다. 개인적·사회적 성장의 문제를 위해 일하는 사람이라면 제대로 역할을 수행하지 못하고 있는 기관들에게 지역사회와 그 구성원에 대한 그들의 책임을 일깨워야 한다.

기관을 중심으로 한 성인교육 접근은 성인계속교육에 대한 책임을 사회조직 전체로 확장시킬 수 있다. 각 기관은 성인계속교육에 다른 방식으로 접근한다. 이 서로 다른 접근이 일치를 두려워하는 사람들의 불안을 제거하고, 사회의 모습을 활기차고 풍요롭게 만들어 줄 것이다. 더욱 많은 기관들이 성인교육에 대한 그들의 몫을 다할 때, 학습은 강화된다. 모든 기관이 성인학습을 강조한다면, 기관의 구성원인 우리가 계속교육의 중요성을 보다 쉽게 깨달을 수 있을 것이다.

모든 기관은 성인을 교육시킬 책임이 있다. 이 책임은 개인적인 측면과 사회적인 측면으로 나누어 볼 수 있다. 기업에서는 노동자들이 직무수행의 질을 높이는 방법을 학습하도록 도와줄 책임이 있다. 또한 동일한 비중으로, 노동자들이 전체 사회조직과 그 기업과의 관계를 학습할 수 있도록 도와줄 책임도 있다. 종교기관도 유사하게 성인교육에 대한 책임을 안고 있다. 각 기관은 교수의 주제나 내용상으로는 차이를 보일 수 있으나, 과업은 동일하다. 즉, 사람들이 그 기관의 특징, 목적, 신조에 대해 더 많은 것을 배울 수 있도록 하고, 기관의 구성원으로서 자신이 지닌 책임을 실천하도록 도움을 주며, 개개인들이 기관과 그 기관을 포괄하고 있는 사회조직과 어떤 관계를 맺고 있는지 이해하도록 하는 것이다.

우리는 사람들에게 어떤 일들이 발생하고 있는가에 대해서도 진심어린 관심을 가질 필요가 있다. 성인교육은 이러한 관심을 반영해야 한다. 성인이 단순히 자신을 활용가치가 있게 만들거나, 어떤 조직이 자신으로부터 보다 많은 것을 얻어낼 수 있도록 하기 위해 학습하는 것은 곤란하다. 우리는 자신을 좀 더 잘 파악하고 풍요로운 삶을 도모하기 위해 학습해야 한다. 우리 가족, 우리 교회, 우리 직장, 우리 지역사회를 통해 얻은 사회의 풍요에서 시간, 재능, 돈을 쏟아 얻을 수 있는 만족과 가치를 깨달을 수 있도록 학습해야 한다.

하지만 어떤 기관도 혼자서는 이 과업을 수행할 수 없다. 현재, 몇몇 기관들은 이 일이 누군가 다른 사람의 일이라는 이유를 들며 자기 책임을 회피하고 있고, 그 때문에 사회는 어려움을 겪고 있다. 빠른 시일 안에 오직 사업이나 조직기구를 확장시키기 위해 서로를 이용하고 성인교육을 이용하는 것을 멈추어야 한다. 학습이란 인간에게 유익하며, 무엇보다 사람이 가장 중요하다는 것을 깨닫지 못한다면 엄청난 불행을 맞이하게 될 수도 있다.

대부분의 성인들은 학교에 가는 것에 반감을 나타낸다. 우리는 다 성장한 사람들이며, 성장했으니 이미 모든 것을 알고 있다고 생각한다. 이미 학교를 졸업했기 때문에 다시 다닐 필요가 없다고 믿는다. 또 많은 사람들이 '학교'라는 단어에서 자신이 학창시절에 겪었던 좋지 않은 경험을 상기하고, 그 경험을 결코 되풀이하고 싶지 않다고 느낀다.

기관에서 운영하는 성인교육 프로그램에는 모두 어느 정도 "학교" 분위기가 존재하기는 하지만, 평소 우리가 "학교" 하면 떠올리는 이미지들이 실제로 그다지 많은 것은 아니다. 성인은 정규학교건물 외의 장소에서 열리는 프로그램에 보다 편안함을 느끼는데, 일반적으로 환경이 덜 형식적이기 때문이다. 이 점 역시 더 많은 사회기관들이 성인교육의 책임을 공유하는 것이 사회적으로 이익이 되는 이유이다.

많은 수의 사람들이 형식적 성인학교(formal adult schools)에 다니고 있으며, 이 학교들은 분명 성숙과 문명화를 촉진한다는 유용한 목적에 기여하고 있다. 그런데 사람들은 주·야간의 공·사립 성인학교는 교육기관이라 생각하지만, 기업, 교회, 가정, 노조는 다른 목적을 위해 존재한다고 생각한다. 그러나 이러한 기관들 역시 유력한 교육집단이다. 이 기관들은 모두 교육이라는 본질적 과업에서 그 역할을 다해야 한다.

좀 더 많은 기관들이 성인교육에서 책임 있는 역할을 다할 때, 학습자들은 이들 기관의 통합 조력자로서의 노력을 기반으로 자기중심적인 인간에서 보다 사회중심적인 인간으로 변화할 수 있을 것이다.

제3장

'성인교육' 용어의 특정한 의미

제 3 장

'성인교육' 용어의 특정한 의미

많은 사람들에게 있어서 성인교육은 "어떤 과정을 이수한다"거나 학교 중에서도, 대체로 야간에 운영하는 학교에 다닌다는 것을 의미한다. 우리 대부분은 기업, 교회, 노동조합, 농민조합, 병원 등이 운영하는 다양한 종류의 학교에 다니면서 기술을 배우고 지식을 쌓아왔다. 우리가 추구하는 교육이라는 활동의 범위는 기본적이고 초보적인 것에서부터 매우 복잡하고 고급 수준의 것에까지 미칠 수 있다. 좀 더 정확히 말하면 그 모든 것이 성인을 위한 교육과정이거나 성인을 위한 교육 프로그램이라고 설명할 수 있을 것이다. 엄청난 수의 사람들이 주일학교나, 성인을 위해 종교단체가 운영하는 강좌에 참가하고 있다. 이 또한 넓은 의미에서 성인교육이라 일컬어지는 학습 영역의 일부이다. 대학은 학점이 인정되는 교육 프로그램 이외에 학점이 인정되지 않는 특별과정 및 강좌 프로그램들을 제공하고 있는데, 이 역시 성인교육 프로그램이라고 불린다.

그러나 성인교육을 사고방식과 행동방식의 변화를 도모하는 과정이나 정보와 지식의 확장으로 폭넓게 정의할 때, 위에서 언급한 프로그램들은 그 일부에 불과할 뿐이다. 성인교육은 모든 성인이 경험해야 할 일상적인 삶의 체험을 모두 포괄해야 한다. 라디오 청취와 텔레비전 시청, 독서, 사람들과의 대화, 꽃 기르기, 콘서트 관람, 브릿지 놀이나 내기 당구, 그리고 성인이 경험하는 여타의 모든 것들이 성인교육인 것이다.

성인교육은 문명화 과정과 이에 수반하는 인간의 영혼 및 정신의 해방에 기여할 수 있다. 혹은 반대로 야만적인 상태로 돌아가려는 경향을 강화하거나 자기 자신이나 사회가 부과한 노예상태의 굴레들을 견고하게 만들 수도 있다. 모든 것을 분류하고, 모든 것이 정연한 범주적 구획 안에 있지 않으면 불안해하는 우리의 성향은 결과적으로 교육이란 "좋은(good)" 것이라는 생각을 낳게 되었다. 그러나 성인교육이 조직화된 경험이든 조직화되지 않은 경험이든 또는 조직화될 수 없는 경험이든 우리가 가진 모든 경험을 포함하는 포괄적인 것이라면, 성인교육은 좋을 수도 있고 나쁠 수도 있으며, 우리가 우리의 경험에 부여하는 효용과 우리가 경험한 것의 본질, 그리고 우리의 목표와는 무관한 것일 수도 있다.

성인교육은 체계적 내지는 임의적으로 습득된 학습 경험의 일종이기도 하지만, "성인교육"이라는 용어에는 또 다른 의미도 있다. 즉, 성인교육은 성인의 학습방법과 교수방법에 관한 연구 및 교수를 의미하기도 한다. 성인이 지식을 어떻게 획득하고 해석하며 변형시키는지에 관한 비판적 연구는 성인교육의 이러한 영역에 포함된다.

따라서 성인교육이라고 불리는 교육 영역의 세 가지 주요 측면들은 다음과 같다.

1. 체계적으로 조직된 성인학습 프로그램으로서의 성인교육:
   a. 학교 유형
   b. 자율학습 유형
   c. 참여훈련 유형
2. 비형식적 경험 학습으로서의 성인교육
3. 연구 분야로서의 성인교육

전문적인 성인교육가의 기본 임무 중 하나는 성인교육의 구조적 짜임새와 기능을 결정하기 위해 성인교육을 비판적으로 분석하는 것이다. 그러므로 성인교육이라고 불리는 다양한 용어들을 상세하게 고찰하여 그 의미를 밝히는 시도는 유용할 것이다.

의사소통의 문제는 모든 탐구 영역을 에워싸고 있다. 예를 들어, 의학이나 성인교육 분야나 모두 의사소통의 문제가 있을 수 있다. 의학분야에서 "medicine"이라고 할 때, 우리는 치료법이나 병의 치료에 대한 학문적 연구 및 조사를 말하는 것일 수도 있고 아니면 알약이나 물약을 의미할 수도 있다. 우리가 "Fred is taking medicine."이라 이야기할 경우, 이 문장은 '프레드가 의학수업을 듣고 있다'와 '프레드가 약을 먹고 있다'는 두 가지 의미로 모두 해석될 수 있다. 그런데 이야기를 듣는 사람이 프레드가 의과대학에서 공부를 하고 있는지 아니면 물약을 마시고 있는지 알고 있을 수도 있지만 전혀 사실 여부를 모를 수도 있다. 해석은 누가 그것을 이야기하고 있는지, 그리고 어떻게, 어디에서, 왜, 언제 그것이 이야기되는지에 달려 있다. 또한 이야기를 듣는 사람의 지성과 정서적 구조, 그리고 그가 이러한 학습 요인들을 교수에 사용하는 방법에도 달려 있다. 어떤 경우이든, 정확하고 간명하게 정의를 내리고 설명할 때 해석은 좀 더 쉬워진다.

"성인교육"이라는 용어 역시 서로 다른 의미들을 지니고 있으며,

그 각각은 적절한 장소에서 사용될 때 올바르게 사용될 수 있다. 좀 더 자세하게 성인교육의 의미를 살펴보자.

1 성인학습에서 체계화된 조직 프로그램으로서의 성인교육

(a) 학교 유형

성인교육은 종종 교사 주도의 교실에서 일어나는 성인학습만을 의미하는 것으로 잘못 이해되곤 한다. 이것도 성인교육의 중요한 측면이긴 하지만, 전체 영역의 일부에 불과하다. 이러한 유형의 성인교육은 대부분 학교에서 실시되고 있기 때문에, 학교형 학습(school-type learning)에 의해 유형화된 형태 혹은 관습을 따른다는 의미에서 형식적(formal)이다. 학교유형의 학습은 보통 교사에 의해 지도되는데 교사는 담당교과목에 정통하고 있을 뿐만 아니라 학습자에게 교과목을 잘 가르쳐야 할 책임이 있다. 교사는 강의하고 질문을 던지며 토론을 하고 시험을 출제하며 인정되는 학점과 수료증명서를 주기도 한다. 그리고 일반적으로는 다양한 출처의 정보를 학습자에게 전달해야 할 책임을 갖는다.

한 번이라도 학교에 다녀본 적이 있는 성인이라면 누구나 이런 유형의 학습에 익숙하다. 때때로 성인들은 어린 시절 학교 생활에 관해 행복하지 못한 기억을 품고 있다는 이유만으로 이와 같은 성인학습 프로그램에 참석하지 않기도 한다. 하지만 많은 성인들이 형식적 학습 프로그램에 정규적으로 출석하면서 자신들이 어릴 적 학교에서 받았던 상처를 만족스럽게 극복하거나 이전에 느꼈던 만큼 불행하지는 않은 경험을 가지기도 한다. 때때로 학교유형 성인교육 프로그램에 참가하는 성인의 수를 집계하는 통계치들이 발표되는데, 이런 발표는 추정치에 불과하다. 모든 문명세계에서 공립학교, 종합대학 및 단과대학, 노동조합, 농민조합, 종교단체, 보건복지단체(예를 들면, 정신위생 Mental Health, 소아마비환자구호모금운동 March of Dimes, 적십자 Red cross 등), 그리고 기업체들이 수천만의 사람들에게 교육 서비스를 제공하고 있다. 다른 많은 국가들과 마찬가지로 미국 내 성인을 위한 프로그램의 엄청난 숫자는 상상을 뛰어넘을 정도이다.

체계적으로 계획되고 감독받는 활동 과정으로서의 성인학습 프로그램은 얼마간의 교사직 훈련과 경험을 수행한 지도자 혹은 교사의 리더십을 필요로 한다. 이 과정에서 지도자와 참여자, 교사와 학습자 사이의 관계가 확립되고 유지되는데 이때 종종 지도자나 교사의 적극적인 참여와 학습자의 수동적인 참가라는 특징을 보이기도 한다.

성인학습을 위한 체계적인 프로그램이 모든 유형의 학교에서 실시되고 있는 것도 아니고, 모든 체계적 프로그램이 일반적 학교 유형, 즉 교사-학생 관계를 보이는 것도 아니다. 수많은 참가자들이 두 가지 서로 다른 종류의 체계적 학습 활동을 추구하기도 하기 때문이다. 즉 자율학습 유형이나 참여훈련 유형의 체계적 성인학습에 참여하는 성인도 상당히 많다. 참여훈련의 경우, 그 성공여부는 학습 경험에 속한 모든 사람들, 즉 집단 참가자와 기록원, 자료제공자, 트레이너, 관찰자, 그리고 지도자 등의 왕성한 능동적 참여 여부에 달려 있다.

(b) 자율학습 유형

다른 사람의 통제보다는 학습자 스스로에 의한 통제를 더 많이 요하는 자율학습은 성인에게 있어 매우 중요하다. 이는 학습자가 추구하고 있는 주제에 관해 더 많이 알 수 있도록 도와줄 뿐 아니라, 대개 학습자가 학습이라는 모험 속에서 스스로를 감독해야 하기 때문에 자신을 단련하는 방법을 배울 수 있게 도와주기도 한다. 나아가, 규율잡힌 자율학습은 진정한 학습의 정수라 할 탐구심 및 발견에의 열정을 불사르게 할 수도 있다. 이런 활동은 학습자가 자신이 혼자 힘으로 무엇인가를 할 수 있다는 느낌을 갖도록 도와준다. 그는 독자적 발견이라는 전율감을 경험할 수 있는데, 이것이 심화 학습에의 욕구를 자극한다.

체계적인 자율학습의 예로는 일상적인 학교 유형 프로그램보다 학습자에게 더 많은 책임감을 부여하고 있는 원격교육과정, 자기주도 독서 프로그램, 사전모임 및 사후모임이 있는 강좌와 콘서트에의 정규적인 참석, 취미활동과 수공예 기술 그리고 언어 등의 연구 및 자기교육 등을 들 수 있다.

어떤 것이든 극단적으로 흐르는 것은 위험할 수 있고, 심지어 심각한 피해를 가져올 수도 있다. 독립성이 너무 지나치게 많은 것은 우리로 하여금 사회적 존재로서의 삶에 어울리지 못하도록 만들 수도 있다. 하지만 독립성이 너무 적을 경우 과도하게 다른 사람에게 의존하게 되어 독특한 개성(personhood)이라는 귀중한 자산을 잃어버리게 만들 수도 있는 것이다. 우리는 종종 다른 친구들에게 어떤 일을 하도록 시키면서 만족하곤 한다. 만약 다른 누군가가 우리를 대신하려고 한다면, 우리의 개인적 책임들을 떠넘기려 한다. 우리 대부분은 지시를 내리거나 위협하고 처벌하는 사람이 없으면 생산적이면서도 확장된 자율학습 프로그램을 실천하지 못한다. 그 결과 우리의 진정한 잠재력을 발견하는 데 실패하고, 훈련된 참여자일 경우에만 가능한, 사회적 기여를 해낼 수 없다.

(c) 참여훈련 유형

일상적인 교사-학생-학교 양식을 따르지 않는, 체계적인 학습의 또다른 유형은 집단 환경에서의 개별적 학습이다. 이 교육활동에 있어 필수불가결한 요소는 프로그램에 참가하고 있는 모든 사람이 학습경험에 능동적으로 참여할 수 있도록 훈련받아서 프로그램의 성공에 일정 부분 책임을 지도록 학습하는 것이다. 이러한 과정은 한 주제를 훌륭히 학습하는 것의 중요성을 강조하면서도, 학습자의 학습과정에도 큰 비중을 둔다.

이런 유형의 체계화된 학습은 사람이 학습 주제가 아닌 가르침을 받는 존재라는 관점에 의해 지지되고 있다. 주제는 참여자를 위해 사용되는 것이고 최소한 부분적으로는 그들에 의해 통제를 받는다. 참여자는 학생의 요구보다는 흔히 행정 편의를 위해 프로그램의 방향을 결정하는 소수의 지도자나 행정가가 설계한, 미리 결정된 형식을 강요받지 않는다.

성인의 완전한 학습 참여라는 관점은 사람들이 그들을 형성하는 어떤 힘에 대해서 의견을 표명해야 한다는 사상을 뒷받침하고 있다. 성인은 자신의 학습내용과 그것을 성취하기 위한 절차들, 그리고 교수-학습 요원(teaching-learning personnel)의 활용 방법 등을 함께 결정할 기회를 활용할 수 있도록 훈련받을 수 있다. 만약 우리가 개인적·사회적 운명을 실현하는 책임을 떠맡을 수 있는 성숙한 인간으로 발전해야 한다면, 책임을 떠맡을 수 있도록 훈련받아야 한다. 책임감 있는 사람이어야만 한다고 떠들어대는 것만으로는 소용이 없다. 학습활동 속에서 책임진다는 것을 연습할 필요가 있다.

책임감과 규율, 그리고 성숙을 촉진하는 생산적 항로를 향한 잠재력의 육성 등은 경험해봐야만 하는 것이지, 단지 그것에 대해 이야기를 한다거나 바라기만 한다고 되는 것이 아니다. 우리는 언젠가 우리가 알고 있는 "좋은(good)" 것들에 대해 무엇인가를 해야 하기에, 우리가 가지고 있는 기회를 어떻게 사용할 것인지를 배워야만 한다. 어떤 사람은 다른 사람에 비해 기회를 보다 쉽게 현실화시킬 수 있다. 우리는 서로를 돕는 방법을 학습할 수 있다.

우리 모두는 배우긴 했지만 그저 학문적으로만 알 뿐인 관념들을 번역하고, 해석하고 보다 생산적으로 활용하는 일에 대해 도움을 받을 수 있다. 우리가 읽고 이야기했던 것을 학습하고 해석하며 행동으로 옮기는 방법을 훈련받아야 할 필요가 있다. 그리고 우리는 서로 학습하는 것을 도와주는 방법에 관해서도 훈련받아야 한다.

모든 참여자를 위한 참여훈련에 기반을 둔 체계적 학습은 개별 학생에게 참여자 자신과 동료 학습자들, 그리고 주제에 관하여 학습할 수 있는 기회를 제공하기 위해 노력한다. 이것은 학습자에게 웃음거리가 되거나 얕잡아 보이지 않으면서 무엇인가를 자유롭게 말할 수 있다고 느끼고 탐구할 기회를 준다. 또 교사의 눈치를 볼 필요 없이 학습자가 자신의 생각과 느낌을 표현할 수 있는 기회를 제공하기도 한다. 이러한 체계적 학습의 목적 중 하나는 동료 학습자에 의해 수용되고 훈련됨으로써, 그리고 동료 학습자들을 훈련하도록 도와줌으로써 단련된 학습자가 되도록 하는 것이다. 이런 식으로 학습하도록 훈련된 성인은 동료 학습자에게 자신의 느낌과 믿음을 표현하는 것이 갖는 중요성을 안다. 또한 그들이 이야기하는 것에 대해 책임을 져야 한다고 생각한다. 그에 대해 자신이 이해받고자 기대하는 만큼 다른 사람들에게 귀기울이는 것을 배우게 된다.

훈련된 학습자가 참여하는 체계적 학습은 개별 학습자의 본성을 다룸으로써, 그리고 그가 동료 학습자 및 해당 교과목과 관계를 설정하려고 노력하는 방식을 이해함으로써 학습잠재력을 충분히 발현시키도록 설계된다. 이는 전통적 방식으로 학습할 수 있는 사람만이 교육받을 수 있고, 그럴 수 없는 사람은 장사나 해야 한다는 견해를 잘못된 시대착오적인 것으로 거부한다. 나아가 학습이 인간 허영심의 한 표현으로 악용된다거나, 소수의 특권층이 교육받지 못한 사람들을 영원히 지배하려는 시도를 방지하려고 노력한다.

성인은 모든 참여자의 훈련에 기반을 둔 체계적인 학습 프로그램을 통해 무엇을 배울 수 있는가? 성인은 학습방법을 학습할 수 있다. 또한 성인은 자신과 동료 학습자에 관해, 그리고 그들이 성숙해지려면 동료 학습자들과 반드시 맺고 유지해 나가야만 하는 모든 중요한 관계에 관해 더 많은 것을 학습할 수 있다. 성인은 자신과 동료 학습자, 그리고 모두의 감정과 행동의 원인을 보다 잘 이해함으로써 자유롭고 솔직하게 자기 스스로를 표현하는 것과, 자신과 마찬가지로 행동하는 다른 사람들에게 귀기울이는 것을 배울 수 있다. 성인은 이런 경험으로부터 지적 혹은 정서적으로 배움을 얻을 수 있다. 성인은 집단 학습 경험을 통해 서로 도움을 주고받는 방법을 배울 수 있다. 이러한 조건이 지켜진다면, 더 유익하게 교과목을 학습할 수 있을 것이다.

지금까지 학교 유형과 자율학습 유형, 그리고 참여훈련 유형이라는 체계적 학습의 세 가지 유형을 설명하였다.

체계적 학습은 성인교육에서 폭넓게 실시되고 있으며, 결론적으로 다음과 같은 다양한 특성을 지닌다.

1. 학습자는 성인이다.
2. 학점이 부여되거나 부여되지 않을 수도 있다.

3. 대개 학교나 단과대학, 종합대학, 교회, 공장, 노동조합, 농업협동조합, 보건 조직, 그리고 병원 등과 같은 기관에서 제공된다.
4. 직업적, 문화적, 종교적, 정치적 또는 신체적 측면의 교육이다.
5. 교사나 지도자가 교육목표를 계획하여 지도·감독하기도 하고, 학습팀(learning team)의 모든 구성원들의 전체적인 협조와 참여에 의해 교육목표가 계획·감독되기도 한다. 또한 자기주도적(self-directed)일 수도 있다.
6. 가르치는 성인과 배우는 성인 사이의 계속적인 교육적 관계의 확립과 유지에 기초를 둔다. 이것은 전통적인 의미에서의 교사-학생 관계일 수도 있고, 성인들이 하나의 학습팀으로서 효과적으로 더불어 작업할 수 있게 훈련을 받았을 경우에는 학습 집단 내의 성인 개개인이 어느 정도 교사이면서 동시에 학습자가 될 수도 있다(참여훈련).
7. 전일제 내지는 시간제로 운영될 수 있다(대부분의 성인학습 프로그램들은 시간제이다).
8. 자발적일 수도 있고 강제적일 수도 있다.
9. 체계적인 학습 프로그램들은 과정 이수 시 자격증, 학위, 기장, 리본, 별 모양의 훈장 등을 수여할 수도 있다. 하지만 때론 알고 있다는 만족감이 학습자가 추구하는 전부일 때도 있다.

2 무작위 경험 학습으로서의 성인교육

비형식적 경험 학습은 계획이나 지도 없이, 그리고 설정된 목표나 목적이 없이 발생한다. 마치 우리가 살아가고 있듯이 일어나는 것이다. 일상적 경험 속에서 우리는 다양한 내용을 학습한다. 살아가는 동안 우리는 학습이 일어나고 있음을 의식하지 못하는 경우가 대부분이다. 학습은 이러한 경우에도 우리의 행위 속에서 부수적으로 일어난다.

비형식적 학습은 사람을 만나고 문제를 해결하며 업무를 수행하는 일상적 직업활동 속에서 이루어진다. 예를 들면, 사회적 관계 속에서 사람을 만나고 시행착오를 겪으면서 사람들을 다루는 방식을 학습할 수도 있다. 또는 어떤 교육적 목적이나 목표 없이, 그저 재미삼아 책을 읽고 꽃밭을 가꾸며 라디오를 듣는다. 그럼에도 불구하고, 우리는 이러한 임의적인 경험들로부터도 무엇인가를 배운다. 이러한 종류의 학습은 우연한 체험에서 이루어진다. 이는 어떤 조직된 프로그램이 아니며, 행위의 주된 목적과 무관하게 우연히 학습되는 것이다.

비형식적 경험 학습은 성인학습에 있어 큰 부분을 차지하고 있고, 모두에게 지속적이면서도 비의도적으로 일어난다. 우리는 그저 재미로 책을 읽고, 머리를 식히려고 텔레비전을 시청한다. 또, 사람들을 만나고 이야기를 나누며 여가활동을 즐기고 다양한 공동체 행사에 참여한다. 우리는 이 모든 일에서 무엇인가를 학습하지만, 배우기 위하여 이런 일에 몰두하는 것은 아니다.

이같은 성인의 비형식적 경험 학습은 다음과 같이 정리될 수 있다.

1. 계획의 부재
2. 학습목표나 목적의 결여
3. 사실상 본질적으로 우연히 일어난다.
4. 조직된 학교나 교실 학습 경험들이라고 일반적으로 생각하는 것들과는 달리 일상적인 경험을 통해 발생한다.
5. 학습자의 입장에서는 학습이 일어난다는 사실을 전혀 의식하지 못한다.
6. 전문적 교육가의 부재

3 현장연구로서의 성인교육

하나의 전문적 연구 분야로서의 성인교육은 체계적으로 조직화되어 있기는 하지만, 일련의 지식이지 하나의 프로그램은 아니다. 성인교육이라는 학문분야의 주요 관심사는 이 분야에서 학위를 수여받을 전문적 성인교육 담당자의 훈련과 연구조사의 수행에 있다. 이 연구 분야는 학습자로서의 성인의 본질 탐구, 행동과학으로부터 획득된 유용한 정보를 해석하고 사용하는 방법의 탐구, 성숙을 지향하는 성인 학습자가 개인적·집단적 자원을 발견하고 이해하며 사용할 수 있도록 도와 줄 수 있는 방안의 모색, 성인의 요구와 바람, 기대 등을 연구하고 분열을 줄이면서 생산적인 삶을 향해 총체성(wholeness)을 야기할 수 있도록 모든 사항들을 효과적으로 해석하고 이해하는 방법에 대한 연구 등을 지향한다.

성인교육이라는 전문적 연구 분야는 경제나 직업역량(vocational competence)과 매우 관련이 깊다. 그러나 성인교육 연구의 주목적은 성인의 직업적 관심사에 그치지 않고 직업활동과 사회봉사 및 다양한 문화·종교·여가·정치적 활동 간의 균형을 통해 성인이 풍성하고도 만족스러운 삶을 살아갈 수 있는 방법을 찾도록 돕는 데 있다.

성인교육이라는 전문적 연구 분야는 성장하고 발전하는 성인을, 성취와 전인(wholeness)을 추구하는 존재로 가정한다. 따라서 성인이 최상의 잠재력을 도모하는 길, 즉 문명화 과정에 기여하는 성숙한 시민이 되는 길을 끊임없이 걸어가는 데 있어 교육적으로 요구되는 과제에 관심을 둔다. 성인교육 연구에 있어 가장 중요한 관심사는 단순히 삶을 영위해 가는 방법이 아니라, 우리가 하루하루 가능한 한 완벽하게 살아갈 수 있는 방법을 학습하도록 도와주는 것이다.

연구 분야로서 성인교육은 다양한 환경적 배경 속에 있는 성인의 요구를 비판적으로 고찰하고, 학습 프로그램이 우리의 삶 속에서, 그리고 우리를 통해 우리가 참여하고 있는 제도 속에서 성숙한 합리성을 증진시킬 수 있는 방법을 검토한다.

지난 25년 동안 전문적인 성인교육 담당자를 훈련시키기 위한 프로그램들은 수많은 미국 대학에서 점점 더 많은 관심을 받아 왔다. 농민조합, 교회, 도서관, 병원, 학교, 정신건강협회, 기타 자발적 지역사회 모임과 같은 미국의 지역공동체에 있는 수많은 기관의 관계자들은, 각자의 기관에서 보다 효율적인 학습 프로그램을 운영하기 위해서는 자신들이 성인교육가를 위해 특수한 기본 훈련과정을 이수시킬 필요가 있다고 깨달았다.

잘 훈련받은 전문적 성인교육 담당자는 자신이 알고 있는 것을 가지고 무엇을 해야 하는지 알고 있어야 한다. 그는 성인이 지식을 작업에 접목시킬 수 있도록 능숙하게 도울 수 있어야 한다. 또한 학습자가 새로운 정보를 습득하고 그것을 더 나은 방식으로 사용할 수 있도록 도와주어야 한다.

성인교육분야의 대학원 수업은 타인과 관계맺는 기술, 즉 의사소통과 인간의 행위에 영향을 미치는 사회적 · 철학적 · 역사적 개념들에 관한 광범위하고도 전문적인 훈련을 모두 강조해야 한다는 점에서 여타 다른 학문 영역과는 구분되어야 한다. 인간의 현실적 문제해결에 익숙해 질 수 있도록 설계된 수업 환경하에서 대학원 학생들은 문제를 진단하고 해석하며 문제 자체를 전문적인 교육적 처치로 변형하도록 훈련받아야 한다. 또한 이론과 실제를 효과적인 행동 변화 지향의 성인학습 프로그램에 결부시키는 방법을 훈련받아야 한다. 잘 훈련된 성인교육 담당자는 심리학과 사회학, 교육학 이론의 탄탄한 배경지식을 습득한다. 그리고 그는 일정하게 관리되는 현장연수 프로그램(supervised field program of internship)에 참여하면서 그러한 지식을 해석하는 방법을 배운다.

성인교육분야 대학원 교육의 목적은 모든 성인이 그의 존재, 그에게 기대되는 바, 그가 할 수 있는 바에 대해 보다 많은 것을 깨달을 수 있도록 돕는 방법을 학습하는 데 있다. 성인교육전공의 대학원 과정은, 모든 성인은 학습할 수 있고, 삶에 있어서 그의 사명이 무엇이고, 그것을 충족시키기 위하여 어떻게 그가 자신만의 독특한 재능을 사용할 수 있는지에 관하여 더 많은 것을 알도록 도움을 받을 수 있다는 철학에 기초하여 확립되어야 한다. 성인교육은 모든 성인에 관심을 둔다. 즉, 나이가 들었건 젊건, 지적이건 좀 둔하건, 건강하건 병약하건 간에 모든 성인에 관심을 둔다.

연구 분야로서의 성인교육은 다음을 지향한다.

(a) 연구와 교수, 조사 등을 통한 지식의 획득
(b) 전문적 훈련 프로그램을 통한 이론적·실제적 지식의 보급

하나의 전문직업으로서의 성인교육은 지난 20년 사이에 출현한 것이다. 최근까지, 성인교육에 있어 쓸모 있는 철저하고 광범위한 학문적 훈련이 없었다. 그리고 이 분야에 종사하는 사람들은 기타 다양한 학문분야 출신이었다. 이제는 사람들이 이 영역의 전문적인 대학원 연구에 지원하고 있다.

성인을 위한 교육과 직접적으로 관계된 연구조사가 증가함으로써, 그리고 심리학과 사회학, 인류학, 생리학, 교육학 등과 같은 분야에서 성인교육 관련 정보가 보태지면서 성인교육 관련지식의 양이 점차 늘어나고 있다.

모든 전문직과 마찬가지로, 성인교육도 서서히 발전한다. 성인교육가에 대한 사회적 태도에도 변화를 발견할 수 있다. 점차 많은 사람들이 성인교육이라는 전문적 연구와 실천에 몸담고 있다.

성인교육 담당자에 대한 전문적 훈련은 일반적으로 대학원에서 이루어지고, 많은 성인교육가들이 적절한 훈련을 통해 이 분야에서 박사학위를 취득하고 있다.

제 4 장

성인교육의 주요 문제 Ⅰ

제 4 장

성인교육의 주요 문제 I

이 장에서 제기하는 성인교육의 과제를 살펴보는 데 앞서, 특히 다음의 두 가지 점에 주의를 기울일 필요가 있다.

1. 세심한 준비는 성인교육 프로그램에 있어 매우 중요하다. 성공적 학습은 학습자의 능력, 이용 가능한 교육시설과 자원, 학습에 필요한 시간과 학습자들이 소비하는 시간 등 관련된 모든 요구와 기대를 결정짓는 총체적인 상황에 대해 정확한 진단을 요구한다. 즉, 학습이 생산적이기 위해서는, 학습을 위해 준비를 갖추고 프로그램이 진행되는 동안 성인학습자에게 일어나는 일들에 깊은 주의를 기울여야 한다.
2. 여기서 다루는 문제점들을 해결한다고 해서 성인교육에서 발생되는 모든 문제들을 속속들이 규명했다고 할 수는 없다. 다음에서 제시하는 문제들은 꼭 살펴보아야 할 과제들

중 몇 가지를 예시한 것이다.

성인교육에 유용한 철학은 교육의 과정 및 절차와 우리가 성인학습자에 대해 파악하고 있는 사항들을 관련시킬 수 있어야 한다. 실제로 성인학습자에 대한 객관적 검토를 해보면, 교육이 성공적으로 이루어지기 위해 해결하고 노력을 기울여야 할 매우 중요한 개인적·사회적 문제들이 수도 없이 많다는 것을 발견할 수 있다.

학습을 억제하거나 오도하는 현재의 문제점들을 고찰하고 분명하게 설명하는 일은 교육상황을 검토, 분석, 규명, 평가하는 진단과정에 있어 중요한 단계이다.

어떤 성인교육가들은 학습자의 특성을 고려하지 않고 성인학습 프로그램을 계획하고 실행하면서 시간과 정력을 낭비하기도 한다. 즉 그들은 성인학습자의 특성에 프로그램을 맞추려는 노력을 하지 않는다. 어떤 성인교육 프로그램들은 당면 요구에 근거하여 급조된 경우도 있다. 누군가 아이디어를 갖고 있고, 또 약간의 자금을 구할 수 있으며, 자신의 견해를 받아들이도록 다른 사람을 설득할 수 있는 권위가 있다면, 학습자에게 재빠른 적응을 요구하는 프로그램을 설계·개설하고, 즉각적인 행동결과를 낳을 것을 기대한다. 흔하게 찾아볼 수 있는 또 다른 형태의 프로그램으로는 과연 무엇이 성인에게 유용한지 알고 있다고 생각하는 사람들이 계획하고 실행하는 유형이 있다. 때때로 그들은 행동의 변화는 느리고 어려운 과정이며, 또 그 어려움들은 학습 프로그램에 참여하는 모든 사람들이 인식하고 풀어나가야 한다는 사실을 간과한다.

교육을 통한 학습자의 장기간의 성장과는 구별되는, 단순 훈련프로그램과 관련된 사람들은 그저 상품을 팔거나, 공장에서 특정 작업을 수행하거나, 혹은 행동변화와는 무관하게 특정한 방식으로 사고하고 행동하도록 훈련하는 과정처럼 어떤 프로그램을 수행한다. 그러나 이것은 그릇된 생각이다. 모든 형태의 성인교육 혹은 훈련에 참여하는 일은, 그것이 기계적 훈련이건 아니면 좀 더 장기적인 성장과정이건 간에 학습자 내부의 어떤 변화를 포함한다.

우리, 즉 학습자들이 생각하는 그 무엇, 그리고 우리가 그렇게 사고하고 행동하는 이유를 더 많이 알아낼수록, 우리는 인간의 본성과 부합된 만족스럽고도 풍성한 학습경험을 향유하게 될 것이다. 성인교육의 다양한 문제점들은 학습 그 자체의 문제가 아니다. 인간은 사회에서 용인되지 않는 많은 것들을 학습할 수도 있고, 또 그러한 것들이 성인학습자의 성숙과정을 지체시킬 수도 있다. 우리는 '올바름'이 그저 잠정적이고 가끔 일어나는 일이라 해도 '올바른' 것들을 배워야 할 과업과 책임을 갖고 있다. 사람들이 구성하는 모든 단체는 일정한 기간 동안 유지되며 특정한 입장을 취하게 된다. 이런 단체에는 규율, 신념, 조직, 그리고 그들을 하나로 묶어내기에 충분한 통일성이 요구된다. 만약 그 단체가 목적달성을 위해 자신들이 행하고 있는 방식을 스스로 면밀히 검토한다면, 그 단체는 변화를 도모하는 데 도움이 되는 일들을 발견할 수 있을 것이다. 즉, 평가과정은 변화를 위해 반드시 요구되며, 단체나 개인이 현재와 같이 변화하는 세계에서 풍요롭게 살아가는 데 있어 필수적인 과정이다.

성인은 이 평가의 사고과정이 문명화 과정의 촉진이나 억제와 관련될 때, 소위 "옳은" 일 혹은 "그른" 일을 학습할 수 있다. 대부분의 개념은 그릇된 목적을 위해 사용될 수 있으며, 성인의 교수-학습 과정도 그 예외가 아니다. 결과적으로 성인의 교수-학습이라는 중요한 과업은 건실하고 건설적인 철학적 기반을 필요로 한다. 건실한 철학적 기초는 문명화 과정의 협력자로서 우리가 안고 있는 책임감을 깨닫고 촉진하는, 새로운 길에 대한 성실한 고민과 모색에 기반하고 있다. 이러한 고민과 모색은 직장에서, 가정에서, 교회에서, 그리고 위대한 문학, 음악, 미술 작품을 함께 학습하는 속에서 이루어질 수 있다. 그리고 사회과학과 자연과학은 우리의 시도가 인간의 본성에 대한 이해 속에서 이루어지도록 하며, 또한 인간의 문명화 가능성의 발견과 그 가능성을 실천하는 삶의 방식의 출현을 지향한다.

다음에서 지적하는 사항들은 성인교육철학을 이해하기 어렵게 만들고, 성인학습자를 혼란스럽게 하는 몇 가지 문제들을 규명하는 데 도움을 줄 것이다. 인간의 실존에 발생하는 불협화음에도 불구하고, 쉬운 해답이 선뜻 떠오르지 않을 때마다 끊임없이 무슨 일인가 벌어진다. 인간의 과제는 우리가 할 수 있는 한, 그 일의 본질을 파악하는 것, 그리고 적어도 그 일의 임시적인 방향이라도 결정짓는 것이다. 모든 시기와 모든 상황에 적합한 정답이란 없다. 그러나 새로운 방법, 새로운 생각, 그리고 가야 할 새로운 길을 모색하고 찾아내는 데 도움이 되는 몇 가지 해답은 지니고 있어야 한다. 상황을 파악하고 새로운 공격에 대한 전략을 계발하는 동안 머물 공간을 점하고 있어야 한다.

우리의 삶을 흐르는 강물로, 우리 자신을 자연의 흐름에 따라 하류로 흘러 내려 가면서 헤엄치는 사람이라 상상해 보자. 이때 계속 헤엄만 칠 수는 없는 노릇이다. 종종, 뭍에 올라 휴식을 취해 원기를 회복해야 하고, 지금 서 있는 장소를 파악해야 하며, 또 어디로 갈 것인지 결정해야 한다. 취할 수 있는 몇 가지 선택지가 있다. 우선 가라앉지 않을 정도로 수를 쓰거나 혹은 우리를 위해 다른 이들이 노력하도록 하면서, 가능한 한 힘들이지 않고 하류로 떠내려갈 수 있다. 또는 상류로 헤엄쳐 올라가 별로 한 것도 없이 지쳐버릴 수도 있다. 끝으로, 강은 여전히 어쩔 수 없는 자연의 흐름에 따라 흘러가고 있지만, 우리의 힘을 자기 의지에 따라 적절히 조절하면서 물의 흐름에 따라 움직일 수도 있다. 개인과 사회의 발전에 적절하다고 여겨지는 세 번째 방법을 선택한다면, 자연적이기는 하지만 문제를 내포하고 있는 패턴을 선택한 것이 될 것이다. 움직이고 진화하는 역동적 세계 속에서 일하고, 노력하고, 사고할 때, 정답이 없는 문제 혹은 적절한 것을 선택할 수 없을 정도로 너무나 많은 정답을 가진 것 같은 문제에 종종 직면하게 된다. 사회적 사건 속에서 책임감을 가지고, 활동적으로 역할을 분담하기로 결정한 우리가 자주 직면하게 되는 난처함의 원인 중 하나가 바로 이러한 것이다. 정답 혹은 적어도 최선의 답을 찾아낼 수 있는 방법은 무엇인가? 이것은 성인교육이 그 해답을 도와야 할 혹은 적어도 다루어야 할 질문이다.

"최고 선(善)의 실현과 덕(德)의 완벽한 실천"이라는 행복을 이성적이고도 유효하게 추구하기 위해 성인은 과연 무엇을 알아야 하는가? 그 모든 것들을 확실하게 규명할 수는 없지만, 우리를 둘러싸고 있는 문제들에 대한 충분한 이해를 학습 프로그램에 통합시키기 위해 노력할 수 있고, 그 결과 문제를 지적으로 그리고 활발하게 공략할 수 있다.

여기서 성인교육과 관련된 모든 문제를 다루고 있는 것은 아니지만, 다음의 사항을 살펴보는 것만으로도 성인교육을 고민하는 사람들이 문제의 본질과 핵심사항들을 인식하기에 충분하다고 본다. 성인교육가는 자신의 성인학습 프로그램의 목적이라 할 철학적 기초를 구축할 때, 이러한 문제들을 규명하고 다루어야 한다.

아래에서 제시한 리스트는 학습방법, 학습내용, 학습한 내용의 활용법과 관련된 몇몇 영역이다. 이 영역들을 살펴보는 것은 학습을 위한 일련의 정서적 분위기뿐만 아니라, 총체적인 철학적 방향을 수립하는 데 도움을 준다. 만약 다음의 문제들에 대한 고민이 이루어지지 않는다면, 건설적인 성인교육이란 어렵고 헛된 것이 된다. 그 문제들은 다음과 같다.

1. 물질주의의 추종
2. 이상에 대한 두려움: 실천에 대한 갈망
3. 모든 인간은 평등하게 창조되었다
4. 사회발전과 자존심
5. 낙오된 시민
6. 사람보다 티칭 주제
7. 변화에 대한 저항
8. 형식화된 교육
9. 기원과 준거
10. 학습 프로그램으로 성인을 끌어들이기
11. 잠정적 상황과 더불어 삶을 배우기

각 영역에 대해 다음에 제시된 내용은 사려 깊은 검토로 극복될 수도 있다. 학습 프로그램의 목적은 우리를 서로 분리되고 관계없는 사실들로 채우려는 것이 아니라, 성인이 다른 세계와의 관계 속에서 자신의 세계를 바라볼 수 있도록 돕는 데 있다. 사실과 정보는 지식의 광대하고도 유용한 저장소를 알맞게 변형하고 해석하기 위해 학습하는 우리의 노력에 도움이 될 때 유의미한 요소가 된다.

1 물질주의의 추종

종교가 믿음과 열정의 문제라면, 오늘날 재물의 축적을 통한 행복 추구와 물질주의 숭배는 종교 수준에 가깝다. 2300년 전, 아리스토텔레스는 "인간의 탐욕은 만족을 모른다"라고 했다. 오늘날도 마찬가지이다. 사실 지금은 과거보다 더 많은 사람들이 탐욕에 빠질 수 있는 다양한 상황에 마주치게 된다. 우리는 더 많은 것을 사들일 수 있는 돈을 가지고 있으며, 더 많이 가질수록 갖고 싶은 것은 더 많아진다. 서로에게 자신이 산 것을 보여주고 그것에 대해 이야기하면서 신적인 존재처럼 물질을 숭배하고 있다. 예상 밖의 장소에서 운 좋게 구입한 값싼 물건을 누군가 감탄하며 바라볼 때, 우리는 최고의 기분을 느끼기도 한다. 더군다나 그 물건이 품절되면, 나의 구매가 정말 최고의 자랑거리라고 생각한다.

우리 삶의 목적, 곧 실존에 대해 끊임없이 대답을 추구하는 우리는 종종 물건을 보호하여 주변에 두는 일에 이끌리곤 한다. 그런데도 문득 여유가 생겨 주변의 물건들에서 위안을 찾고자 할 때, 내 소유의 물건들이 있다 해도 정말 조금 뿐이구나라고 생각하고, 다시 물건 사 모으기를 멈추지 못한다. 우리는 남들에게 과시하기 위해 항상 필요 이상으로 소유하고자 하며, 잔뜩 쌓아 둔 물건들 사이에 앉아 있으면 언젠가 삶의 해답이 저절로 드러날 것이라고 생각한다.

인간은 단지 모으려는 목적에서 재산을 축적한다. 편안하게 잠을 이루지 못하고 불안해하며, 때때로 눈에 보이는 물건들에서 일시적 평안을 얻는다. 그러나 이 만족감이 점차 사라지고 나면, 더욱 더 많이 소유하고자 한다. 우리는 더 많은 돈, 더 큰 집, 더 빠른 자동차를 원한다. 기업은 좀 더 많은 이윤을 원하며 근로자는 더 많은 임금을 원한다. 그리고 정부는 더 나은 공공 서비스를 제공하기 위해 좀 더 많은 돈을 필요로 한다.

물질주의적 행위들의 소용돌이 속에서 상품을 선전하는 광고인들은 대체로 우리에게 도움이 되지 못한다. 그들은 자신들과 같은 종(種)인 인간이 가지고 있는 탐욕, 욕심, 그리고 부러움이라는 해묵은 감정들을 이용한다.

이러한 물질주의적 이데올로기의 효과는 거의 모든 기관에서도 발견된다. 각 기관은 다른 이들이 소속된 그 어떤 기관보다 거대해야 하고, 신속해야 하며, 유명해야 한다. 이러한 시각을 뒷받침하기 위해 꾸며낸 이유들에는 일련의 논리가 있다. 때로 사람들은 점점 더 많이 갈구하는 성향이야말로 빠르게 변해가는 세상의 산물이자 현대적인 것이라 주장한다. 그러나 자료를 찾아보면, 탐욕이라는 인간의 특성은 모든 시대에서 발견된다는 것을 알 수 있다.

물질주의의 미묘하고도 명백한 다양한 형태가 있지만, 그다지 새로운 점은 없다. 또한 물질주의에 대한 지나친 강조와 오용 그리고 그 목적에 대한 오해가 인간을 괴롭히고 비참하게 하는 원인이었다는 역사적 사실에도 새로울 것은 없다. 성인교육은 물질주의를 하나의 잠재적 문제로 인식하고 있어야 하며, 물질주의를 인간의 창조적 정신을 풍요롭게 하는 가치체계 개발을 돕는 일로 치환시키고, 인간이 빌딩과 컴퓨터, 그리고 행정기제보다는 인간의 가치를 더욱 중요하게 받아들이도록 해야 한다.

2 이상에 대한 두려움: 실천에 대한 갈망

가끔 사람들은 원칙이나 이상이 이론상 전적으로 옳긴 하지만 실용적이 되어야 한다고 말한다. 모든 시간을 이상에 대한 철학적 사고에 쏟아 부을 수는 없다. 컴퓨터를 프로그램 해야 하고, 자동차를 만들어야 하며, 식료품을 팔아야 한다. 터무니없는 이상적인 이야기들은 그럴 만한 시간과 마음이 있는 자들의 몫이다.

"우리가 지상에서 해야 할 일은 강철을 만드는 것이다." 이 문장은 실질적이고 인상적으로 들린다. 사람들은 강인하며, 그들의 직무를 잘 알고 있다. 그러나 앞의 문장은 사람들이 도구적으로 이용되고 있는 것처럼 들리기도 한다. 실제로 사회의 다양한 기관들은 우리를 이용하고 파편화한다. 대부분의 기관은 사회의 특정 분야를 전문적으로 담당하고 있다. 각 기관은 수행해야 할 과업이 있고, 개인들은 거기에 맞추어 살아야 한다. 학교와 대학도 이와 비슷한 철학을 추구하고 있다. 각 학과는 특정 교과를 전문으로 하고 있고, 각각의 교육내용을 나름대로 통합하고 조정하는 것은 학생들의 몫이다.

시민 개개인의 삶을 일일이 조사해 배려하는 것은 학교, 기업, 정부, 노동조합의 일이 아니다. 그러나 각 기관은 사회적 실체로서 그 총체적 책임을 충분히 인지해야 한다. 즉, 모든 기관은 교육만 혹은 서비스만 제공하면 된다는 입장이 아니라 전체 사회조직의 한 부분으로 스스로를 바라볼 필요가 있다.

"실제상의" 인간은 대개 전체 사회와 부분적으로는 무관한 파편으로 기능한다. 그는 자신의 일만 신경 쓰고, 남들도 역시 각자 자기 일에만 주의를 기울일 것을 기대한다. 대부분의 사람들이 이러한 방식으로 생각한다면, 인간은 거의 사회라고도 부를 수 없는 고립되고 파편화된 사회 속에 존재하게 될 것이다. 그러한 사회는 극도의 개인주의와 분열 그리고 분리주의를 추구하는 사회이며 부자연스러운 인간조직으로 인해 분쟁에 빠져 있거나 혹은 빠져 들어가고 있는 사회이다. 사람들은 보호와 심리적 안전을 위해 서로 관계 맺고자 한다. 때로는 서로 달리 살아갈지라도, 인간은 원래 서로를 원하고 필요로 한다.

모든 기관들이 자신이 아니라 다른 기관들이 사회통합에 있어 가장 중요한 힘을 제공해 주기를 기다리고 있다면, 사회는 비참한 무정부 상태에 빠지게 된다. 학부모들이 학교, 교회, 정부가 아이들을 보호하고, 규범을 유지하고, 부모가 가르쳐야 할 내용도 대신 가르쳐 줄 것을 바라고 있다면, 우리는 더 큰 위험에 빠지게 된다.

우리 개개인과 우리가 속한 각 기관이 원칙과 사회 규범, 사회적 이상에 대해 함께 고민해 가야 사회는 개선될 수 있다. 기관과 개인의 이상은 사회적 책임과 사회적 관계를 포함해야 한다.

직장이나 정부기관을 보면 흔히 소속 직원들을 봉사모임이나 스카우트 활동, 혹은 교회와 같은 외부 조직에서 활동하도록 장려하여 자기 조직의 사회적 책임을 이행하려 한다. 물론 이것은 좋은 공공 관계라 할 수 있다. 그러나 이상적인 형태는 외부 기관에서뿐만 아니라 자기 기관 내부에서도 이러한 관계를 도모하는 것이다. 삶을 일상 세계의 문제만을 다루는 부분과 개인의 성숙과 문명화 과정의 문제를 다루는 부분이라는 배타적인 두 개의 집단으로 분리해서는 곤란하다. 인간은 YMCA나 교회에서뿐만 아니라 모든 장소에서 성장하고 퇴보한다. 이상이란 모든 삶의 공간에서 요구된다. 장기적으로 보면, 이상을 구축하는 것, 그리고 사회구조를 구성하는 모든 기관들이 그 이상에 기반한 사회적·개인적 책임을 실천하는 것보다 더 실제적인 것은 없다.

3 모든 인간은 평등하게 창조되었다

혼란과 무책임한 행동은 평등의 의미에 대한 잘못된 해석에서 연유된다.

개인의 존엄성을 신장하는 사회라면, 인간 개개인을 신과 법 앞에서 평등하게 취급하는 것, 즉 개인을 사회적 지위와 무관하게 공평하게 대우하는 것이 무엇보다 중요한 과업이라 생각한다. 이것은 각고의 노력을 기울일 만한 이상이다. 그러나 다른 많은 이상들처럼, 아직까지 완전히 실현되지 못한 이상이기도 하다. 그래서 특권을 가진 사람들이 대접받는다. 오늘날에도 재산이 적거나 사회적 지위가 낮은 사람들은 감옥에서 고생하거나 병원에서 짧은 생을 마감한다. 자비와 정의는 흔히 우리의 존재보다는 우리의 소유에 의해 결정된다. 하지만, 그럼에도 불구하고 인간 존엄을 둘러싼 노력은 몇 가지 희망적인 결과를 보이고 있다.

누구나 정의와 기회확대를 통해 삶의 만족과 행복을 추구하는 존재이기에 우리 모두는 평등하게 취급되어야 한다. 그러나 특정 부분이 동일하기 때문에, 모든 부분에서 모든 인간이 평등하다고 생각하는 것은 이치에 맞지 않는다. 서로 다른 능력을 지녔기에, 기질과 역량이 다른 것은 말할 것도 없다. 우리는 평등이라는 개념을 종종 오해하고 남용한다. 때로는 책임은 간과한 채 권리만을 주장하기도 한다. 그러나 시민으로서의 책임을 다해야 권리도 보장받을 수 있다.

자신이 일할 수 있는 능력이 있고, 일할 수 있는 기회가 확장된다는 이유로, 사회에 대해 아무런 제약 없는 삶을 보장해달라고 요구할 권리는 누구에게도 없다. 우리가 모든 면에서 평등하고 권리를 가지고 있는 것은 아니기 때문에, 떠맡고 있는 책임보다 과도한 권리를 정부에 요구하는 것은 정당하지 못하다. 민주주의가 합당하게 기능할 경우, 정부는 시민에게 그가 공헌하는 만큼의 자격을 부여한다. 우리 모두는 자유시민으로서 신중한 판단과 재능을 발휘하는 한편, 사회에 개인과 공동체의 복지를 요구할 권리와 책임을 지니고 있다. 또한 자신이 가지고 있는 돈·재능·시간과 사회에 대한 기대 간에 균형을 맞추어야 한다.

우리는 성인교육 프로그램을 통해 평등과 권리 및 특권에 대한 이해를 명료하게 할 수 있다. 그러나 평등이나 권리는 암기하거나 강의할 성질의 내용이 아니다. 따라서 교육방법에 있어 시범, 워크샵, 구체적인 방법 시연 등의 방안을 활용해야 한다. 또한 교육장소를 "학교"로만 한정할 것이 아니라 모든 공공기관으로 확대해야 한다. 이 개념들은 신중하고도 지적인 방향으로 우리를 이끌어 줄 수 있는 경험 속에서 학습되어야 한다. 이러한 학습을 통해 우리는 평등의 핵심을 깨달아 인간의 존엄성을 보장하고 증진하기 위한 노력을 기울일 수 있다.

4 사회 발전과 자존심

우리는 자기중심적 창조물이다. 당장의 관심은 자기 몸을 편안하게 하는 것이다. 자신을 돌보아 주는 사람들의 요구나 감정을 제외하고는, 타인의 요구나 감정에 대해서는 거의 혹은 전혀 알지 못한다. 성장해감에 따라 인간은 점차 사회 환경에 익숙해진다. 자신이 필요로 하거나 필요하다고 생각하는 것을 얻기 위해 타인의 감정과 요구를 대하는 방법을 학습한다. 이 과정에서 여러 가지 조정을 해나가게 되는데, 실상 이것은 다른 사람들을 돕기 위한 것이라기보다는, 나 개인의 목적을 달성하기 위한 방법을 주위 사람들에게서 얻어내기 위함이라 할 것이다. 어떤 사람들은 이 단계에서 제한적인 사회적 성장을 경험하게 되는데, 이들은 자신의 욕구 중 사회적 결과와 무관한 사항들에 대해서는 결코 노력을 기울이지 않는다.

우리는 사람들의 말에서 사회적 성장에 관해 다음과 같은 유형의 억압에 사로잡혀 있음을 듣는다. "조금이라도 유리할 때, 네가 얻고자 하는 바를 얻는 것이 좋아. 너 자신은 네가 돌볼 수밖에 없다는 거 알지? 동료가 무엇인가를 잃었다면, 그것은 그 사람이 운이 없는 것일 뿐이야. 세상에는 사기꾼들이 가득하다니까. 그러니 너 자신은 네가 보호해야 해."

어린아이들은 종종 자기가 갖고 싶은 것을 약육강식의 힘으로 얻을 수 있음을 발견한다. 적절한 지도를 통해 이런 태도를 수정해주지 않는다면, 어른이 되어서도 자기 것을 얻기 위해 계속 힘으로 문제를 해결하거나, 혹은 보다 교묘한 방법들을 사용하게 된다.

사회적 성장이 중단되는 생활연령(chronological age)의 범위는 폭넓다. 마흔 다섯의 성인이지만 그의 동료들이 보기에는 열 살 남짓의 어린아이 수준일 수도 있다. 따라서 성인계속교육은 생존을 위해 아동교육만큼이나 중요하다. 사회가 나아갈 방향을 결정하고, 기준을 설정하며 권한을 행사하는 것은 바로 성인이다. 열두 살짜리의 정서 및 지각 수준에서 사회적·제도적 의사결정을 수행하는 성인은 다음 세대에 대해서도 그 정도 수준으로 일이 처리될 수밖에 없는 수행패턴을 구축하는 것이 된다.

사회의 유지와 진보가 더불어 살아가는 방법의 학습에 달려있기에, 더불어 살아가는 방법을 학습할 수 있는 보다 효과적인 방안들을 모색해야 할 것이다.

문명화를 위한 교수는 매우 어려운 문제이다. 우리는 우리 사회의 일상사 속에서 우리 앞에 놓인 힘겨운 과제들, 그리고 우리가 걸어가야 할 장구한 길을 인식해야 한다. 그런데 우리가 배운 것은 극히 일부이기에, 꽤 복잡한 문제들이 발생한다. 예를 들어, 대부분의 사람들은 어려움을 견디고, 종교적 이상을 따르며, 애국해야 한다고 배운다. 그러나 보다 깊숙이 들여다보면 집집마다, 집단마다 엄청난 차이가 존재한다. 사람들은 자신이 속한 가족과 집단이 추구하는 원칙과 본보기를 배운다. 때로 가족마다, 집단마다 따르는 관습과 학습하는 신념이 크게 다르다. 이러한 가르침 중 일부는 자기 집단의 사람들이나 생각이 우월하다는 맹교(盲敎)를 통해 인간을 혼란스럽게 하며 분리시킨다.

착한 부모도 때로 아이들에게 불신, 두려움, 미움을 가르친다. 사회 기관들도 때로 그들의 행동과 일치될 수 없는 선언으로 성인들을 혼란스럽게 한다. 게다가 우리 각자는 독특한 존재이다. 개인적·공동체적으로 복잡한 상황은 그 결과라 할 것이다.

인간은 아동기에 사회적 존재가 되기 위한 학습을 시작한다. 부모, 놀이친구, 학교, 교회 등 모두가 사회화에 영향을 미친다. 때로 이러한 요소들이 서로 상충되면서 이미 복잡한 상황에 더욱 혼란을 가중시킨다. 우리는 이러한 환경 속에서 성장한다. 그리고 나이를 먹고 신체적으로 성장한다. 그 결과 우리는 실수투성이의 성인이 된다.

학습이 안고 있는 문제는 지속되며, 그뿐만 아니라 때로 성인인 우리가 실제 알고 있는 것보다 더 많은 것을 알고 있다고 착각하기 때문에 문제의 복잡성이 증가된다. 우리는 성인이 되면 자연스레 아는 것도 많아진다고 생각한다. 그런 면이 전혀 없다고 할 수는 없겠지만, 어른이 되어 알게 된 사실들조차 어린아이 시절에 배운 대로 활용하려 하기 때문에 충분히 그 가치를 발휘하지 못한다. 우리가 여전히 아동처럼 생활하는 부분이 있는 한, 성인이 성인으로서 사회질서에 지적이고 합리적으로 참여하도록 도와주는 것은 매우 중요하다. 성인교육의 참여자인 성인은 아동교육의 산물이다.

성인들은 여전히 자기 장난감을 손에 쥐고 있으려는 아이의 태도를 버리지 못하고, 자기 것을 남에게 선뜻 건네지 못한다. 아마도 인간의 "본성적인" 자기중심적 성향 때문일지도 모른다. 그리고 타고난 자기중심성이라는 것이 있다면, 사실 이것은 인간사회에서 학습을 통해 더욱 강화될 것이다.

자기중심성(self-centeredness)은 완전히 배제할 성질의 것은 아니다. 오히려 그것을 통제하고 조정해 나갈 수 있도록 학습해야 한다. 자기존중(self-esteem)은 인간존재로서 인간이 스스로에게 가져야 할 존경을 말하는데, 자기중심성과 동의어가 아니다. 만약에 모든 것을 자기중심적으로 바라보고, 정말 알고자 하고 염려하는 것이 우리 자신이며, 삶의 방식도 우리 자신에게만 맞춘다면, 우리가 성인으로서의 책임을 맡는다는 것은 부적합하다.

성인교육의 가장 큰 문제 중의 하나는 인간을 사회중심성에 대해 저항하고 있는 자기중심적인 창조물로 이해하는 데 있다. 이에 자기중심성의 협력자라 할 자만심을 덧붙이면 문제는 더 심각해진다. 자만심과 자기중심성은 문명화를 지향하는 성인교육에 커다란 어려움을 안겨준다. 이 둘은 인간의 사회적 존재로서의 성장과 정반대 지점에 서있다.

불가능하지는 않지만, 배운 것을 완전히 잊어버리는 일은 매우 어렵다. 교육을 통해 바람직하지 못한 습관과 특성을 추방할 수 있겠지만 그것은 여전히 우리 사고의 일면을 차지하고 있으며 우리를 괴롭히기 위해 다시금 다가올 수도 있다. 우리는 자신에 대해 자랑스럽게 생각하도록 교육받았다. 이런 자만심은 인간의 자기중심성을 강화하여, 서로 사랑하는 것 그리고 스스로를 사회의 일원으로 바라보는 것을 제대로 학습하지 못하게 한다. 부모들은 다른 아이들보다 더 똑똑한 자식을 자랑스러워한다. 우리는 전통 있는 우리 학교를 자랑스러워하며, 프로선수 스카우트가 벌어지는 운동경기에서 우리 선수들이 다른 참가자들을 모두 이기길 바란다. 우리는 많은 일들 속에서 "타당한 자만심(자긍심)"을 얻는다. 걸치고 있는 휘장, 제복, 가운을 뽐낸다. 남들에게 그보다 나은 사람으로 혹은 적어도 누군가보다는 나은 사람으로 인정받고자 고군분투한다.

거의 모든 기관에서 인재를 길러내기 위해 개인과 회사에 있어 자긍심의 중요성을 매일같이 강조한다. 그러나 자긍심의 파괴적 성질에 대해서는 몇 가지 상투적인 문구들만 언급하고 만다.

자만심과 자기존중은 다르다. 자기존중에는 "정당한"이라는 말을 붙일 필요가 없지만, 자만심을 긍정적인 의미로 사용할 경우에는 "타당한"이라는 형용사가 필요하다. 두 단어의 차이점을 정확하게 파악하고, 적절히 사용해야 한다.

자기존중은 정신건강에 필수적이다. 자기존중을 통해 자신과 주변 사람들에 대한 적절한 판단을 내릴 수 있다. 이는 우리의 현재와 미래를 위해 우리자신을 규명하고, 우리자신을 존중하는 데 도움을 준다. 그러나 과도한 자기존중은 자만심이라는 파괴적 요소가 된다.

다시 혼란스러운 지점이다. 어떻게 해야 할 것인가? 자기 자신 그리고 타인과 관계된 자신의 욕구를 파악하고 고민하는 진실한 노력을 기울여야 하는가? 혹은 소위 겸손한 최고가 되어야 하는가?

개인과 사회의 성장이라는 문제에 대한 우리의 사고방식과 생각은 중요하다. 성인교육과 그것이 화학이나 예술, 사회문제 등과 같은 모든 영역의 성장에 영향을 미치는 방식이 우리의 관심사라는 사실을 잊지 말아야 한다. 단순히 철학적·종교적 혹은 사회적 지향을 나타내는 특정 학습 프로그램을 다루고 있는 것이 아니다. 지금 우리는 건설적인 성인학습에 대해 고민하고 있는 것이다. 자기 스스로에 대해, 그리고 개인적 존재뿐만 아니라 사회적 존재로서 성장해 나가야 할 필요성에 대해 깨닫고 있는 성인은 더 나은 학습자, 더 나은 노동자, 더 나은 시민, 더 나은 인간이 될 수 있다. 학습자가 어딘가 다른 장소에서 "사회적인 자료"를 얻어야 한다고 생각하는 기업가, 노동조합원, 농부, 학교교사는 자신과 학습자를 너무 과소평가하고 있는 것이다. 그는 편협한 길을 선택하고 있는 것이며, 이것은 필연적으로 그 자신과 학습자에게 더 많은 갈등과 혼란을 안겨줄 것이다.

5 낙오된 시민

낙오된 시민(the marginal citizen)은 장기간 그들의 사회적 임무를 수행할 수 없거나 수행하지 않으려는 사람을 말한다.

주변성은 정도의 문제이다. 정서적으로 완벽히 건강한 사람은 없다. 심신의 부조화는 잠깐잠깐 불안한 마음에서부터 끊임없는 주의 혹은 신체감금의 필요성에 이르기까지 다양하게 나타난다. 살아가면서 대부분의 인간은 조금은 혹은 어느 정도는 주변인이고, 일부는 심각한 정도로 주변성을 드러낸다. 이것은 우리 모두가 공유하고 있는 인간적 문제이다.

성인교육이라면 모든 시민들을 다루어야 하지만, 사실 성인교육영역에 있어 주변인에 대한 논의는 매우 제한적이다. 그러나 주변인 중 상당수는 보다 특수한 교육적 처치를 필요로 한다. 주변인보다 "기준에 미치지 못하는 사람들"이 더 정확한 표현이 될지 모르겠으나, 바람직하지 못한 심리학적 함의를 나타낼 수 있으므로 피하는 것이 좋겠다. 학문적으로 보면, 모든 인간은 시민성과 관련된 몇몇 영역에서 주변적이다. 그러나 주변인의 문제를 좀 더 명확히 규명하기 위해 조작적으로 정의를 내리자면, 사회적 과업을 거의 수행할 수 없는 사람들을 말한다.

훌륭한 시민은 그가 속한 사회에서 활동적이고 건설적인 역할을 수행하는 훌륭한 사람으로 정의된다. 분명히 이 경우 "시민"이라는 개념은 일반적인 용법에 비해 보다 광범위한 의미로 사용된다. "시민"이라는 개념은 흔히 특정 정부에 충성을 바칠 의무가 있고, 이와 관련하여 어떤 권리와 특권을 가진 사람들을 일컫는 말이다. 훌륭한 시민은 종종 예의 바르게 행동하는 사람, 선거일에 투표하는 사람이라는 의미로 오인되기도 한다.

그러나 민주주의 사회에서 시민권은 그 이상의 의미를 지니고 있다. 민주주의 사회질서에서 훌륭한 시민이란 사회구조를 구성하는 다양한 사회기관에 활동적이고 건설적으로 참여하는 사람이다. 그는 자신의 책임과 권리 그리고 특권을 인식하고 있고, 그것을 실천한다. 또한 고도의 가치 기준을 습득하기 위해 노력한다는 점에서 아리스토텔레스가 이야기한 "훌륭한 사람"이어야 한다. 이런 종류의 훌륭한 시민, 곧 훌륭한 인간은 창조적으로 인간을 해방시킨 원칙들을 저버리는 타인을 대할 때 그들을 맹목적으로 좇지 않는다.

이상을 실현하기는 어렵다. 어느 정도는 누구나 무엇인가에 대해 주변적이기에, 우리는 맡은 만큼의 시민권과 관련된 자신의 책임을 이해하지 못하거나 이행하지 못한다. 하지만 모든 인간은 사회에 어느 정도는 기여할 수 있고, 문명화 과정의 진보를 위해 공헌할 수 있다. 그러나 어떤 사람들은 여러 가지 이유로 인해 그들의 몫만큼 사회에 공헌하지 못하고 있다. 이러한 주변성의 문제를 바로잡기 위해서는 좀 더 많은 노력이 요구된다. 그렇지 않으면 우리가 그리는 사회질서의 실현이란 불가능하다. 사회질서는 사회적 부담의 규모에 제한을 받기 때문이다.

인간에게는 양심이 있기에, 사회적 삶의 방식에 부적응하고 있는 사람들의 문제를 인지할 수 있다. 부적응자란 자신이 속한 환경에 적응할 수 없는 사람으로, 알코올 중독자이거나 문맹자, 실업자, 혹은 질병으로 괴로워하는 사람들을 말한다. 그는 자신의 삶에서 직면한 불행에 적응하지 못해 정서적으로 병든 사람일 수도 있고, 선천적·정신적 혹은 신체적 장애를 지녀 사회적 경쟁에서 밀려난 사람일 수도 있다. 실제보다 자신에게 더 많은 한계를 지우는 노인일 수도 있다. 주변인은 사회보장제도에 기대어 일하지 않고 살아가는 사람들 속에서도 발견된다. 그들은 개인적 성숙과 사회질서의 개선에 거의 혹은 아무 공헌도 하지 않으면서, 시간과 정력을 허비한다.

오늘날에도 마찬가지로 역사를 관통해 온 사실은 인간을 향한 감수성의 계발이 타인들의 느리고 고통스런 과정에 의해 필요해졌다는 점이다. 오늘날도 그렇지만, 역사적으로 살펴보아도 그러하다. 특히 교사, 의사, 성직자는 인간의 요구와 관련한 전문적인 직업이라 할 수 있으며, 문명화된 사회 건설을 둘러싼 문제에 대하여 자기 영역에서의 해답을 제공하기 위해 노력하고 있다.

도시화가 진행되면서 집단 내 사람들 간의 협력은 역사상 가장 높은 수준에 도달했다. 그러나 오늘날 공동생활과 상호원조에 대한 학습은 상대방이 도움을 필요로 하기 때문에 그를 도와주는 보다 성숙된 개념이라기보다는 주로 살기 위해 필요하기 때문에 이루어지고 있다. 도움을 베푸는 사람이 사회적 평판이나 개인적 이익을 기대하지 않으면서 단지 사람들이 도움을 필요로 하기 때문에 도움을 제공하는 것은, 고대인들은 도달하지 못한 성숙의 단계이다. 사실 이것은 문명화를 위한 진화 단계에서 현재도 가장 미진한 부분이다. 예나 지금이나 여전히 강조되고 있는 보다 실용적인 접근에서는, 사회는 그 사회를 유지하기 위해 협력을 학습해야 하고, 사회구조 유지를 위해 사회적 이단자에 대해서는 처벌을 가해야 한다고 보고 있다.

삼천여 년 동안 이집트인의 삶은 종교와 불가분의 관계였다. 영원한 삶, 질서, 그리고 조화라는 세 주제는 거의 30세기 동안 이집트인의 생각을 지배하고 있다. 오랜 기간 동안 계속된 이러한 사고방식은 사람들의 태도에도 깊은 영향을 미쳤다. 이집트인의 건축물과 전통의 영원성은 그들 사회에 이러한 개념들이 깊이 뿌리내려 있다는 증거라 할 수 있다.

브리스테드(Breasted) 교수에 따르면 이집트에서는 고왕국시대(the Old Kingdom)인 약 사천 년 전에 이미 "미래 책임론(future account-ability)"이 등장했으며, 중왕국시대(the Middle Kingdom)인 약 삼천 년 전에는 그 개념이 완전하게 발달되었다고 한다. 미래 책임론은 "다음 시대에 있어 사자(死者)의 위엄은 현세 삶의 윤리적 수준에 의해 결정된다"는 것이다. 이 때문에 이집트인은 "배고픈 자에게는 빵을, 목마른 자에게는 물을, 벌거벗은 자에게는 옷을, 집 없는 자에게는 안식처"를 제공하는 것에 관심을 갖게 되었다. 결국, 이집트인의 사회적 관심은 사람들의 도움 요청에 대한 응답이라기보다는, 하늘에 보물을 쌓아두는 것, 즉 미래의 삶에 대한 개인적 보상을 희망하는 것이었다. 이 개념은 오늘날의 보상-처벌 개념과 결코 무관하지 않다. 하지만 중요한 것은, 사람들이 서로에 대한 책임과 그들이 서로 관계하고 있는 방식에 대해 생각하기 시작했다는 점이다.

주변인에 대한 우리의 태도는 인간 본성과 관련한 기본적 문제들을 보는 우리 사회의 시각과 이에 대한 우리의 해석에 영향을 받는다. 어느 시대에나 종교는 사회적 시각의 기본형성에 강력한 영향력을 행사해 왔다. 서아시아와 유럽문화의 문명 진보과정을 살펴보면 모든 인간이 신의 아들이라는 생각을 강조했는데, 이는 한편으로는 인간은 누구나 건강이나 재산, 지적능력의 운이 좋지 못한 사람들을 도와줄 수 있는 능력을 가지고 있다는 생각을 함축하고 있다. 인간이 모두 신의 아들이라는 생각의 또 다른 측면은 타인에 대한 책임감 강조를 들 수 있다. 모든 인간이 타인을 도울 수 있는 능력과 책임이 있다는 이러한 시각은 매우 중요하며, 전부라 할 수는 없지만 오늘날 사회질서 작동의 기초를 형성하고 있다.

인간관계의 오랜 역사를 살펴보면 분명 오랫동안 인간은 타인에 대해 자기 존재 이상으로 관심을 쏟았음을 증명해주는 몇 가지 예를 찾아볼 수 있다. 사람에 대한 인간의 사회중심적인 시각은 문명화된 사회의 원리로 단번에 제시될 수 있는 성질의 것이 아니다. 에리히 프롬이 『사랑의 기술』에서 감동적으로 표현한 것과 같은 차원의 건전한 사회에 도달하기 위해 현대사회가 가야할 길은 아직도 멀고 멀다. 그는 예의 바른 행동, 아름다움, 칭송할만한 행동 등과 같은 이유 때문이 아니라, 우리가 존재하기에 서로를 사랑할 수 있다고 말한다.

수 세기 동안 몇몇 사람들은 소위 인간 가족을 형성하기 위해 고민해왔다. 이기심이라는 감정을 갖는 것은 인간뿐이다. 이 이기심이라는 인간의 본능적 행동을 고쳐나가는 일은 인간성(humanity)이라는 문제에 있어서 대단히 어려운 일이 될 것이다. 그러나 이기심에 맞서는 인간성의 또 다른 부분이 용감하고 또 훌륭하게 상당 시간 동안 이 작업을 수행하고 있으며, 다소간의 진보를 이루어냈다.

우리는 느리게 변화하지만, 그러나 변화할 수 있다. 바로 이러한 사실이 인간성을 개선해나가는 작업의 초석이 되어야 한다. 혁명적인 변화는 혁명적인 반발을 낳기 쉬우며, 이 경우 결국 순이익은 보잘것없는 것이 되고 만다. 사려 깊은 준비에 기반한 변화와 우리의 전통과 인간의 본성에 대한 지식이 뒷받침하는 지속적인 실천만이 살아남을 수 있으며, 우리 전통의 훌륭한 일부를 형성하게 된다.

많은 귀한 에너지들이 때로 무엇인가 하고자 하는, 특히 무엇인가 "좋은" 일을 하고자 하는 우리의 간절함을 이루는 데 도움을 준다. 그러나 이런 에너지들이 사회문제의 근본 해결책이 아니라 우리의 울적한 마음을 풀어주는 역할에 그치고 마는 경우가 흔하다. 주변인에 대한 문제는 개인 혹은 대중의 심리적 긴장을 가끔 풀어주기 위한 놀잇감이나 기회가 아니다. 주변인에 대한 문제는 우리가 할 수 있는 한 최선의 고민과 행동을 지속적으로 요구하는 어려운 과제이다. 그 사례의 특징을 고려하지 않고 이루어진 행동은 역효과만 낳을 뿐이다. 잘못된 일들을 바로 잡고 사회적으로 폭력적인 사람들을 혼내주면 다수의 영향력 있는 집단이 그들의 말에 귀를 기울이게 된다. 이미 이러한 접근을 잘 써먹고 있는 정치, 종교, 교육 단체들도 있다. 아무리 학교를 오래 다니고 또 좋은 학교를 졸업했어도 우리는 무책임한 약

속을 하는 지도자를 따르는 경향이 있다. 또한 학교교육을 많이 받을수록 같은 이야기를 전달하기 위해 더 오래 이야기하고 더 많은 단어들을 사용한다.

우리는 흔히 이해보다는 성급한 처방과 동정에서 부적절한 감정적 접근을 취해 문제를 악화시킨다. 때로 의존적인 사람들은 더 의존적이 된다. 이러한 일은 도움을 줄 수 있는 프로그램을 실행하거나 적절한 성인교육을 제공하지 않고 눈에 보이는 문제들만을 해결하려 하기 때문에 발생한다. 적절한 성인교육 프로그램이야말로 필요할 때 자기 스스로 문제를 해결하도록 하고, 또 타인에게 도움을 줌으로써 스스로를 돕도록 한다.

사회적 주변인에게 도움을 주기 위해서는 값싼 동정과 이기심에서 벗어나야 하며, 오히려 이들에 대한 도움은 문명화 과정의 수탁자로서의 의무이행에 필수적인 일이라는 자각적 자세가 요구된다. 우리의 도움을 필요로 하는 타인에게 우리의 의무를 실천하는 방안을 철저히 고민하는 것은 지속적 진보에 필수적이라 할 것이다. 이러한 과제해결에 있어 수단은 목적과 불가분의 관계를 맺고 있다.

어떤 면에서는 주변인일 수도 있을 우리의 문제를 해결하기 위해, 보다 지속적이고 만족스러운 해결방안을 취해야 한다. 그저 성가신 일로 여겨서는 해결이 불가능하다. 한심스러운 일에는 도움을 주어야 하겠지만, 보다 좋은 일을 도모해 이득을 얻어야 한다는 시각에서의 접근은 피해야 한다.

주변인의 문제를 최소화하고, 주변인들 스스로의 사회적 성숙을 향한 노력을 돕는 문제를 둘러싸고, 사람들은 대개 다음의 네 가지 입장을 나타낸다.

1. 주변인으로 취급되는 사람들을 배제하는 것
2. 되도록 주변인으로 고려되는 사람들을 무시하는 것
3. 사회의 보존을 위해 필요하기 때문에 주변인을 돕는 것
4. 주변인은 도움을 필요로 하는 사람들이기에 돕는 것

우리는 아직 위의 네 번째 제안의 실천에 필요한 이해와 성숙에는 도달하지 못하고 있다. 도움이 필요한 상황이나 사람이 있다는 이유만으로는 다른 사람들에게 무엇인가를 제공하거나 도우려고 하지 않는다. 대개 인간은 사리추구를 특징으로 하는 자기중심적 힘에 의해 동기화된다. 그래서 주변인과 같은 중요한 문제에 근시안적으로 적당히 대처한다. 옳다고 믿는 것을 위해 행동하는 것이 아니라 권위나 이익을 얻을 수 있는 것을 위해 행동한다면 과업을 수박 겉핥기로 행하는 수준에 불과하다 할 것이다. 직업적·사회적으로 얻을 수 있는 이익만 계산하다 보면 점점 더 병적 상태의 덫에 걸리게 된다. 좀 더 문명화된다면, 이러한 딜레마에서 벗어나 서로를 돕는 일이 더욱 광범위한 사회적 관심을 얻게 될 것이다.

약간 혹은 어느 정도는 주변인에 속하는 우리 대부분은 우리가 하는 만큼 혹은 그 이상 사회에 공헌할 수 있다. 운이 좀 없었거나 아주 주변적인 사람들은 사회질서에 심각한 위협이 된다. 문맹자, 죄수, 장기 실업자, 사회복지에 의존해 사는 사람들, 정신병 환자, 알코올 중독자들은 문제에 처해 있거나, 아프거나, 사회에 의존하고 있어 도움이 필요한 사람들이다. 이 사람들 중 대다수는 최고의 성인교육을 운영할 능력이 있는 훈련된 성인교육가들에게서 도움을 얻을 수 있다.

많은 주변인들이 적절한 계속교육을 통해 극히 작은 몫에 불과할지라도 사회적 임무 분담을 수행할 수 있는 도움을 받을 수 있다. 모

든 사람들은 무언가를 할 수 있으며, 우리 개개인이 사회적 임무분담의 방법과 임무수행의 방법 등을 지속적으로 학습한다는 사실이 중요하지, 사회적 공헌의 크고 작음이 중요한 것이 아니다. 우리 개개인이 수행해야 할 임무를 가지고 있다는 것과 우리가 필요한 존재라는 것을 학습하는 것도 매우 중요하다.

우리 중 누군가는 얼마나 많은 노력이 요구되든지 간에 주변인의 사회복귀를 위해 노력해야 한다. 이러한 노력을 통해 의존 집단의 인원은 줄어들 수 있다. 모든 성인은 절대로 가망이 없어 보이는 사람들일지라도 지속적이고 적절한 교육에 응답한다.

주변인을 교육하는 것은 매우 중요한 문제이다. 자유사회의 성과는 모든 사람이 공유해야 한다. 그러나 모든 사람이 더불어 사는 삶의 가능성을 향유하고자 한다면, 모두가 사회에 공헌할 필요가 있다. 사회에 공헌할 수 있는 방법을 모르거나 공헌할 기회를 부여받지 못한 사람도 있고, 병들었거나 늙어서 혹은 능력이 없어 사회에 별다른 공헌을 할 수 없는 사람도 있으며, 사회공헌에 대해 관심조차 없는 사람도 있다. 우리는 이 모든 일의 원인을 꼼꼼히 살펴보아야 한다.

실제로 얼마나 많은 사람들이 사회적 부담을 주거나 그러한 가능성이 있는 주변인으로 분류될 수 있는지 정확히 산정하기는 어렵다. 그러나 분명 실천이 요구됨을 증명하기에 충분한 어림수는 제시할 수 있다. 인구가 오백만 명 정도인 한 주의 예를 들면, 약 육십만 명의 사람들이 심각한 주의를 요청하는 주변성의 영역에 속해있다. 결국 인구의 약 10% 이상이 주변인이다. 여기에는 약 삼십만 명 정도의 기능적 문맹자, 십만에서 십이만 오천 명 정도의 알코올 중독자, 칠만 천여 명의 복지수혜자, 만 오백여 명의 죄수, 만 육천여 명의 정신지체나 정신병 환자가 포함된다. 이 수치는 경제 호황기였던 1963년 인디아나주의 예이다.

무엇보다 위와 같은 문제와 해결에 관계된 이들의 태도가 중요하다. 자금과 시설도 중요하겠지만, 인간에 대한 관심과 문제를 대하는 우리의 태도는 더 큰 의미를 지닌다. 이러한 입장에 대해 요즘 세상에는 맞지 않는 이야기라 여기는 사람들도 있겠지만, 풍요로우면서도 광적이고 불확실한 사회를 둘러싸고 있는 속도－돈－편리라는 개념의 종국적인 결과를 심사숙고한다면, 다시금 인간에 대한 관심과 문제를 대하는 우리의 태도를 돌아보게 될 것이다.

제 5 장

성인교육의 주요 문제 II

제 5 장

성인교육의 주요 문제 Ⅱ

6 사람보다 티칭 주제

전통적인 교수-학습 방식은 옛날이나 오늘날이나 거의 같은 방식으로 이루어지고 있다. 즉, 무엇인가 알고 있는 사람이 모르고 있는 사람에게 설명하거나 제시하는 방식이다. 학습자가 똑똑한 사람이면 공부에 필요한 시간은 그리 길지 않을 것이다. 학습자가 쉽게 이해하지 못하는 사람이라면 몇 번이고 설명해 주어야 할 것이다. 이처럼 전통적인 교수-학습 방식에서 학습자는 교과학습과 관련된 정보가 담겨지는 그릇으로 활용된다.

학습을 촉진시키기 위해 모든 종류의 방법이 동원되어 왔다. 어떤 국가에서는 도둑의 손을 잘라 도둑질을 하지 못하도록 가르쳤다. 사회질서에 의문을 제기하는 사람에게는 생계수단을 위협하여 "손윗사람"을 존경하도록 가르쳤다. 공포심은 학습에 자주 동원되었다. 특히 체벌의 공포는 아주 오랜 세월동안 교수－학습과정의 중심에 있었다.

전통적인 교수－학습 상황에서, 우리는 학습자가 처리할 수 있는 정보의 양과 학습자가 나타내는 정보에 대한 반응에 관심을 가져왔을 뿐이다. 반면에 학습자가 자신의 삶과 자기를 둘러싼 타인들의 삶에 대해 학습한 것은 그가 저절로 조금씩 터득한 것이거나 일을 처리하면서 깨달을 수 있었던 것들뿐이었다.

시간이 흘러 학습이 학교교육으로 공식화되고 보다 일반화되자, 학습자로 하여금 사회적 관계를 이해하게 하고 사회적으로 성숙하게 하는 학습은 교과 외 활동(extracurricular activity)으로 격하되었다. 시민교육과 역사교육에 속하는 몇 안 되는 형식적 교과과정들이 이러한 과제를 성취할 수 있다고 간주되었지만, 대체로 다양한 사상과 사회적 상황을 통합해내는 작업은 거의 이루지 못하였다. 개인은 사회적 관계의 이해와 사회적 성숙이라는 과제를 혼자 떠맡게 되었다. 이것은 오늘날에도 여전히 그러하다.

우리는 구조화된 방식으로 사고하고, 분별있게 선택하며, 우리의 능력을 자신과 사회를 위해 가장 훌륭하게 발휘할 수 있도록 학습해야 한다. 이와 같은 학습과정을 구성하는 일은 우리 모두의 과제이지만, 이를 위해 실제로 무엇인가를 행하는 사람은 거의 없다. 우리는 보통 교과교육에서 생산적인 직업적·사회적 환경적응에 필요한 모든 것을 배울 수 있을 것이라는 잘못된 가정에서 출발한다. 즉, 전통적 교과목들이 학습의 왕도라고 생각한다. 그러나 지금의 교육현실을 조금이라도 연구하고 관찰해 본다면, 현재 교수되고 있는 교과들이 반드시 바람직한 교육을 받은 인간을 만들어내는 것은 아니라는 사실을 발견할 수 있다.

우리는 자신의 존재와 능력에 대해 아는 바가 거의 없으며, 자신과 가족 혹은 동포와 지구촌 사람들이 곤란을 겪게 될 때 비로소 자기 존재와 능력에 대한 스스로의 무지를 깨닫게 된다. 성인학습과 성인교수 활동을 최대한 잘 설계한다고 해서 모든 문제들을 해결할 수 있는 것은 아니지만, 우리는 그나마도 활용하고 있지 못하다.

성인교육이 성공적이기 위해서는 학습자를 자신만의 학습능력을 지닌 독특한 인간존재로 바라보아야 한다. 이것이 그 어떤 것보다 중요한 가정이다. 교육프로그램이 성인학습자에게서 바람직한 변화를 이끌어내기 위해서는 반드시 학습자 지향적이어야 한다. 이를 위해 현재의 성인교육 프로그램에 의미 있고도 근본적인 조정과 변화가 요구된다. 더욱 많은 사람들이 참여할 수 있는 폭넓고 다양한 프로그램이 마련되어야 하며, 그 프로그램들은 참가하는 학습자의 특성과 요구에 부합해야 한다.

지금까지 성인교육 프로그램은 교과중심적이었고 전통의 답습이었다. 그리고 학습자의 요구보다는 프로그램 진행자의 입맛에 적합한 경우가 훨씬 더 많았다. 프로그램 진행자는 성인교육 프로그램만의 방식을 고민하지 않고, 예전부터 행해져온 학교운영방식을 그대로 끌어오는 경우가 많았다. 그러다 보니, 성인교육 프로그램의 유일한 목적이라 할 학습자보다는 건물이나 자금, 프로그램을 운영할 인력의 관리가 더 중심을 차지하게 되었다. 즉, 대부분의 성인교육 프로그램 계획은 자금 동원과 공간 확보, 교사수급 방법, 개설할 교과의 선택에 중점을 두고 있다. 어떤 프로그램 진행자는 학습자와 지역사회의 요구나, 그 요구를 충족시키는 데 있어 자기 기관의 역량과 같은 문제는 시간이 부족해 연구할 수가 없다고 말한다. 그는 항상 프로그램 진행을 위한 시간에 쫓기면서 강좌를 개설해야 하기 때문에, 지역공동체나 잠재적 학습자에 관한 연구는 차후의 과제라고 말한다.

이러한 상황의 문제를 좀 더 일반화해서 말하자면 개개인을 교체 가능한 기계부속과 같이 생각하는 관점이라 할 수 있다. 더 심각한 위험은 행정적인 일을 처리하고 있는 사람들의 직무부담이 하루하루 늘어나고 있는 현실이다. 이 때문에 사람을 기계적으로 바라보고 또 사람들에 대해 기계적으로 일처리를 하는 행위가 더욱 증가하고 있다. 요즘은 사람들이 전 지역에 고루 흩어져 살고 있지 않다. 많은 사람들이 급속도로 성장하고 있는 대도시 중심가로 몰려들고 있다. 따라서 어떤 사람들은 이와 같은 인구집중 현상의 결과 사회질서를 효율적으로 운용하기 위해 사람들을 분류하고 번호 매기는 것은 어쩔 수 없는 일이라 생각한다.

성인교육의 영역에서도 신중하게 시간을 들여 고민하는 것보다는 전통적인 교육에서 적합하다고 선택되어온 교과 영역의 강좌를 개설하고, 각 강좌에 학습자를 배치하는 것이 손쉬운 것처럼 판단되고 있다. 학습목적과 내용, 그리고 학습자의 요구를 밝히는 데 시간을 들이는 것보다는 교과에 사람을 끼워 맞추는 것이 더 쉬워 보인다. 이런 식의 성인교육에는 굳이 성인교육 전문가보다는 기술적으로 성인교육 프로그램 개설과 진행에 어느 정도 익숙한 사람만이 요구될 뿐이다.

그러나 학습자는 반드시 한 사람의 인간존재로 다루어져야 한다. 학습자야말로 프로그램이 존재하는 이유이다. 학습자의 경험과 능력이 학습 프로그램의 계획과 수행에 반영되고 활용되어야 한다. 그래야 프로그램이 학습자의 특성과 요구에 부합될 수 있다. 교과목과 자원도 중요하다. 성인학습 프로그램에 있어 교과목과 자원은 환자의 약과 같은 구실을 한다. 그러나 환자의 병명과 그에 대한 정확한 진단 능력이 없는 사람의 손에 약이 쥐어져 있다면 그것은 환자에게 쓸모없는 약이 되고, 도리어 위험한 약일 수도 있다.

교과의 활용이 성인학습자의 요구를 충족시킬 때 우리는 중요한 진전을 이룰 수 있을 것이다.

7 변화에 대한 저항

변화하고 발전하는 것이 세상이지만, 우리는 그 속에서 끊임없이 안정을 추구한다. 인간이라면 누구나 그러하다. 누구나 안정을 추구한다. 어떤 사람들은 각종 기계 장치나 가구, 옷가지와 같은 물질적인 것들로 스스로를 충족시킨다. 많은 사람들에게 돈은 중요한 안정의 근원이다. 하지만 물건과 돈이 안정감을 안겨주는 데 도움이 되는지는 몰라도, 과연 얼마나 많은 물건과 돈에서 안정을 얻는지는 사람마다 천차만별인 것 같다.

심리적·물질적 안정은 인간성의 발달에 필요한 요소이다. 그러나 안정의 추구가 가장 중요한 목적이 되어버리는 경우가 흔하다. 우리의 대화에서 퇴직금, 은퇴 가능 시기, 휴가 일수는 화제의 중심이다. 여기서 다음과 같은 성인교육의 중요한 과제가 제기된다. 우리는 어떻게 신중한 판단을 연습하고 현명한 선택을 학습할 수 있는가? 지나치지 않은 정도란 어떤 것인가? 삶에 있어 일과 여가의 진정한 가치란 무엇이라 할 수 있는가?

인생의 어느 시기부터 안정(재정적 행복과 건강, 물건의 소유 등)에 대한 우리의 관심이 왜곡되는가? 우리의 주된 관심은 변화에 저항하는, 즉 과거나 현재의 상태가 지속되기를 바라는 데에 있는 것 같다. 우리는 변화가 없는 상황이 더 안정적이라 생각한다. 이와 같은 변화에 대한 저항은 모든 연령단계에서 나타나지만, 일반적으로 나이가 들어갈수록 훨씬 심화된다. 고령자들은 자신이 필요하다고 느끼는 것을 다시 얻을 시간과 기회가 부족하다고 생각한다. 그래서 현재 가지고 있는 것이나마 반드시 지켜내야 한다고 생각한다.

효과적 프로그램 운영을 위해 성인교육 담당자는 위와 같은 변화에 대한 저항을 염두에 두어야 한다. 우리가 변화에 저항하고 안정을 추구하는 것은 그렇게 사고하도록 훈련받았기 때문이다. 우리는 대개 진취적이고 유연한 방식으로 사고하도록 훈련받지 않는다. 우리는 익숙한 것을 좋아한다. 같은 의자에 앉기를 좋아하고, 같은 음식을 즐기고, 같은 장소를 편안해 하고, 동일한 방식으로 사고하는 것을 좋아한다. 우리의 사고방식은 고정되기 쉽다. "나는 그것을 평생 동안 해왔다. 이제 와서 그것을 바꾸기는 힘들어." 우리는 나이가 들어갈수록 할아버지의 지혜를 향수 어린 눈빛으로 바라보는 경향이 있으며, 나아가 정신적·육체적으로 서서히 죽음을 준비하기 시작한다. 성인교육은 이러한 심리적·생리적인 노령화의 문제를 반드시 고려해야 한다.

변화에 대한 저항은 자연스러운 일이지만, 이러한 저항을 이겨내고 변화를 모색하는 것 역시 자연스러운 일이다. 모든 연령의 사람들이 학습할 수 있고, 실제로 많은 사람들이 연령에 관계없이 학습하고 있다. "난 배우기엔 너무 나이들었어"라는 근거없는 생각에서 많은 성인들은 능동적인 시민으로 성장할 책임을 회피한다. 이 때문에 사회적으로는 가장 경험 많은 구성원들의 경험과 재능이 활용되지 못한다.

모든 성인은 어떤 일을 행동에 옮기려는 열망을 따를 때, 그가 생각하는 방식으로 변화할 수 있다. 변화는 살아 있는 인간 존재 누구에게나 가능하다. 이것은 평범한 성인뿐만 아니라 정서적으로나 육체적으로 장애가 있는 성인 등 모든 성인에게 해당된다. 왜냐하면 인간의 몸과 사고는 놀랍도록 탄력적인 구조를 가지고 있기 때문이다.

문제는 성인의 변화가능성이 아니라, 과연 성인교육자가 얼마나 인간의 본성을 연구하고, 또 그 본성을 유동적으로 변화하는 환경과 관련지어 탐구하는 데 시간과 노력을 기울이는가에 달려 있다. 정신 질환 입원 환자를 대상으로 한 성인교육에 대한 연구결과, 변화에 대한 저항은 극복될 수 있다는 결론을 얻은 바 있다. 장기간의 실험기간 동안 대상자 중 상당수는 학습과제와 인간관계에 대한 반응 방식에 분명한 변화를 보였다. 증상이 심각하지 않은 환자들의 경우, 좀 더 빠른 변화가 나타났다. 병세가 심각한 환자 집단의 경우도 신중하게 설계된 학습활동에 반응했다. 대상자 중 일부에 대해서는 연구기간 이후에도 태도와 행동상에 가시적인 변화가 나타날 때까지 지속적으로 지원하였다.

서른이든 일흔이든 우리 모두는 변화하고 발전할 수 있다. 다양한 성인 집단에 있어 심리적·생리적 차이가 분명 존재한다. 이러한 차이점을 밝혀야 하고, 밝혀진 성인 집단 간 차이가 학습 프로그램에 반영되어야 한다. 성인교육 담당자는 학습자들에 대해 관심을 기울여 그들의 요구와 능력, 학습의지에 관해 연구해야 한다. 의사가 자신의 환자에 관해 가능한 한 많은 사실들을 알아내어 능숙하게 병인(病因)을 규명해내야 하는 것처럼 말이다. 능력 있는 의사라면 병마다 그에 적합한 치료법을 사용해 효과를 거둔다. 성인교육 담당자도 그와 같은 자세를 가져야 한다. 성인교육자는 학습자가 칠십대일 경우, 그 연령대의 일반적 특징과 학습방식, 행동방식의 원인을 탐구하고, 그에 적합한 프로그램을 실시해야 한다. 학습자가 서른일 경우에도 마찬가지이다. 한 가지 약이 모든 질병에 사용될 수 없듯이, 학습에 대한 동일한 접근법이 모든 연령의 사람들에게 사용될 수 없는 것이다. 그러나 모든 연령의 사람들이 만약 지적으로 적절한 도움을 받는다면 학습할 수 있다는 사실만은 분명하다.

성인교육 담당자가 마주하고 있는 문제들에 대해 논의를 계속해 나갈수록, 학습자를 파악하여 학습을 가능하게 만드는 상황을 능숙하게 배열하는 것이 성인교육 담당자의 역할이라는 사실이 점점 더 명확해진다. 덧붙여 또 한 가지 성인교육자의 역할을 의사에 비추어 논하자면, 의사의 역할은 상처를 고치는 것이라기보다는 환자의 요구를 알아내는 데 있다는 것이다. 환자의 요구를 알아내, 자연적으로 신체 항상성(恒常性)이 회복될 수 있도록 돕는 화학적 내지는 기계적 · 심리적 조치가 이루어지는 상황을 만드는 것이 의사의 역할이다. 의사가 환자의 환부가 정상적으로 "재생"될 수 있도록 돕는 것과 마찬가지로, 성인교육자의 역할은 학습자의 "학습"을 도와주는 데 있다.

따라서 성인교육가는 학습자와 학습에 요구되는 다양한 사항들－교과목, 학습절차, 신체적 욕구 등－에 대해 정통해야 한다. 그밖에 학습자에게 학습내용이 의미 있게 느껴지도록 프로그램을 설계하고, 학습이 가능한 태도, 학습과 행동의 변화가 일어날 수 있도록 고민해야 한다. 온고지신하는 성인교육 담당자는 지속적인 연구와 교육과정 개발의 과정 속에서 좀 더 생산적인 결과를 얻을 수 있을 것이다.

변화하는 세상에서 인간의 삶은 준비성 있으면서도 활동적일, 즉 안정과 변화의 적절한 균형을 도모할 필요가 있다. 우리가 변화에 저항하고 또 가끔은 변화하는 세상에서 받게 되는 불이익을 두려워한다고 해도, 안정의 추구만이 우리의 존재방식은 아니다. 우리는 전 생애를 통하여 발달하고 성장할 수 있다.

그렇다고 해서 이것이 변화를 위한 변화를 말하는 것은 아니다. 변화하는 세상에 대한 진취적 적응은 우리가 삶의 흐름에서 스스로를 지켜갈 수 있도록 도와주는 것이다. 변화는 인간이 최상의 정신적·신체적 잠재력을 개발하고 활용하도록 도와주며, 이것은 우리 인간에게 중요한 학습과정이다.

8 형식화된 교육

학교교실에서 수행되는 계획적이고 체계적인 프로그램으로서의 형식교육(formal education)은 대개 교실 내 학습자의 경험에 학습의 기반을 두고 있는 전통적인 학습 촉진 방법이다. 형식교육의 특징으로는 학습자의 참여가 결여되어 있는 경우가 많고, 특정한 교육과정 패턴이 유지되며, 시간적으로 제약되어 있고, 교사와 학생의 역할이 고정되어 있는 경우가 많은 엄격한 분위기를 유지한다는 것 등을 들 수 있다.

성인과 아동을 위한 교육제도가 학습자를 자유롭게 하기보다는 혼란스럽게 하는 경우가 많다. 시간과 에너지 그리고 예산이 산만하게 구성된 교육과정 프로그램을 수행하는 데 소모되고 있다. 그래서 학습자가 프로그램을 이수했지만 전혀 진보되지 않은 경우가 흔하다. 현재 제공되고 있는 프로그램들이 정말 사람을 자유롭게 하고 성숙하게 할 것인가에 대한 증거는 불확실하다. 우리의 요구와 간접적으로 관계되어 있거나 혹은 전혀 관계없는 프로그램이 우리를 어느 순간 도와줄 수도 있다. 그러나 대부분의 교육 프로그램들은 우리가 가치관을 점검하고 분별 있게 선택하며 문명화 과정을 앞당기는 능동적 참여자로 성장하는 데 충분한 도움을 주지 못하고 있다.

성인학습자는 교육적인 경험을 비롯해 수많은 경험을 한 사람이다. 성인교육 담당자는 전통적 방식으로 학교교육을 받아온 성인을 마주하게 된다. 그리고 성인학습자는 학교에서와 마찬가지로 강의를 통해 일정한 시간에 일정한 양의 정보를 전달받게 될 것이라 기대한다. 학습을 책 한 권을 끝마치는 일련의 파편화된 경험으로 생각하고 있는 성인들에게 평생학습의 필요성을 이해하도록 하는 것은 성인교육의 어려운 과제이다.

대부분의 형식 혹은 비형식 교육 프로그램에서 우리는 "책을 통한 학습(book-learning)"이 효과적이라는 고정관념을 발견할 수 있다. 이러한 고정관념은 전통적이고 형식적인 프로그램에서는 그다지 문제가 되지 않는다. 순수 연구영역에서는 이론과 실천의 관계가 멀게 느껴질 수도 있고 그다지 중요한 관심사가 아닐 수도 있다. 그런데 성인교육연구에 있어서도 순수 학습이론 연구영역이나 추상적 개념을 다루는 영역들은 인간의 삶의 진보에 실질적으로 크게 기여를 하지 못하고 있다. 성인교육과 관련된 대부분의 기관들도 이론과 실제를 관련짓지 않는 학습 접근법을 취하고 있다. 이것은 아마도 교육을 실천하는 기관들 역시 잘못된 고정관념을 답습하고 있기 때문일 것이다. 즉, 대부분의 성인교육기관은 특정한 책을 학습자에게 읽히고 설명한 후 평가하는 "책을 통한 학습"만이 학습이라 생각하고 있다.

모든 성인교육에 추상적인 학습이 불필요하다는 것이 아니다. 여기서 문제의 핵심은 학습자가 그 자신의 요구와 능력에 비추어 그 추상적 학습내용의 의미를 파악하도록 도움을 주는 성인교육이 이루어지고 있지 않다는 데에 있다.

일상에서 서로 다른 문제와 요구를 민감하게 발견하지 못하는 경우가 많다. 그리고 그 문제와 요구의 해결에 우리의 최선을 다하지 못하는 경우도 많다. 성인교육의 영역도 마찬가지이다. 성인교육 영역의 문제 해결에 우리는 최선의 해결책을 도모하지 못하고 있다.

성인교육에 있어 현실적인 교육내용이 요구된다. 사람들은 도움이 되는 학습내용에 반응한다. 학습자는 적절한 시기와 장소에서 그가 아는 바를 실천해야 일을 해결할 수 있다. 학습자 자신의 학습내용이 그로 하여금 보다 나은 삶을 살 수 있게 하고, 그의 동료를 도와줄 수 있는 능력을 길러주고, 더 나은 직장을 갖는 데 도움이 되며, 그가 세상을 바라보는 지평을 확장시켜 줄 것이라 확신할 수 있도록, 성인교육자는 최선의 노력을 기울여야 한다. 대부분의 성인은 실제와 거리가 먼 일에 많은 시간을 투자하려 하지 않는다. 17세기 한 수도원의 요리사였던 로렌스 수사(Brother Lawrence)는 하느님의 영광을 위해 손수 이삭을 거둬들였다. 그는 그렇게 실천 속에서 학습했고, 지행합일의 삶을 살았으며, 그러한 그의 가르침은 사람들에게 큰 영향을 미쳤다.

사람을 교육제도에 잽싸게 끼워 맞추는 데 힘을 기울이지 않고 사람을 위한 교육제도를 설계하고자 노력한다면, 문명화 과정의 진보에 보다 박차를 가할 수 있을 것이다. 그러한 성인교육은 사회적·교육적 병폐를 줄일 수 있다. 교육영역에 있어서도 사람을 위하여 설계된 성인교육은 교육제도의 전체적인 변화에 영향을 미칠 수 있다. 사람들에게 교육이란 자신을 발견하고, 타인과의 관계에 도움을 주며, 학습한 교과목과 삶의 문제 간의 관련성을 인식하게 하므로, 사회라는 모자이크에 자신만의 독특한 재능을 발휘하여 도움을 주는 균형 잡힌 지속적인 과정으로 이해할 수 있도록 성인교육 프로그램이 마련되어야 한다. 이와 같은 성인교육의 기회가 주어진다면 성인학습자는 삶이라는 것이 단지 돈을 벌어 더 많이, 더 크고 좋은 것을 소유하기 위해 벌이는 광란의 쟁탈전 이상의 것이라는 것을 깨달을 수 있을 것이다. 나아가 이러한 성인교육은 우리에게 '학교교육이 교육의 전부'라는 것이 얼마나 좁은 생각인지 이해할 수 있도록 할 것이다.

변화를 향한 첫 걸음은 프로그램 진행자나 교사, 건물, 자금 또는 컴퓨터 등의 교육 기자재보다 학습자를 중요하게 생각하는 것이다.

전통적인 형식교육의 상황은 학습자가 자신의 가능성을 최대한 발견할 수 있는 자유로운 학습경험을 제공하지 못했다. 전통적으로 대부분의 교육자들은 학습자에게 공포 아니면 불안감을 심어주었다. 이러한 상황에서 학습자는 창조하고 발견하며 해방을 만끽하는 경험을 학습할 수 없었다. 전통적 학습은 학습자를 숨막히게 하고 혼란스럽게 하는 틀에 박힌 유사-규율 훈련(pseudo-disciplinary exercise)인 경우가 흔했다. 찰스 디킨스(Charles Dickens)는 이러한 학습 유형을 『데이빗 카퍼필드(David Copperfield)』에서 데이빗의 의붓 아버지와 선생님의 에피소드를 통해 극적으로 보여준 바 있다. 회초리를 들고 데이빗 앞에 서서, 선생님은 겁에 질린 아이를 시험하려 한다. 요즘은 학습내용의 암기를 위해 신체적 체벌을 사용하는 경우는 많이 줄었지만, 더욱 강력하고 파괴적인 무기인 심리적 공포를 사용하는 경우는 아직도 흔하다.

공포심이 강력한 교수수단인 것은 사실이지만, 그것은 타인에게 도움을 주고 사랑스러우며 성숙한 인간존재가 되기 위해 알아야 할 것들을 가르쳐주지 못한다. 형식적 교수방식은 우리가 성장하는 데 가장 필요한 것들을 간과하는 경향이 있다. 고립과 분열은 인간의 성장을 가로막는 가장 큰 장애물이다. 고립은 의심과 공포를 낳고, 분열은 의심과 공포를 이겨낼 수 없게 한다. 그 결과 마흔, 쉰, 심지어 예순이 되어서도 다섯 살이나 열 살 때와 마찬가지 방식으로 일처리를 한다. 성인이 아동과 다른 위험한 차이점은 인생에서 터득한 바를 가지고 자신의 미성숙을 감추는 방법을 알고 있다는 데 있다.

이와 같은 현실적인 삶의 세계에 대한 무지는 우리가 정말 알아야 할 것들을 깨닫도록 도움을 받아본 경험이 없다는 사실에 기인한다. 그에 더해 오늘날은 물질주의의 가르침이 너무나 강력하여, 삶에 존재하는 역설과 모순을 인식하고 대처하기가 더욱 더 어려워지고 있다.

인간은 함께 달성해야 할 커다란 과업을 안고 있다. 이러한 과업의 달성은 타인과의 관계 및 균형 속에서 우리의 삶을 이끌어주는 성인을 위한 새로운 유형의 지속적 학습과정에 참여함으로써 가능할 것이다. 세상의 과학자, 철학자, 음악가, 미술가, 그리고 시인들이 가르쳐준 최상의 것을 이야기하고 활용하도록 도와주며, 우리가 분열되고 혼란에 빠져있는 개개인이 아닌 사회적 사슬 속에 귀중한 고리로 연결되어 있는 존재로 이웃을 바라볼 수 있도록 도와주는 성인교육 말이다.

이 모든 것은 우리 각자가 사회적 책임이 있다는 생각에 기초하고 있다. 우리는 사회제도에 능동적으로 참여해야 한다. 우리 모두는 자신과 타인의 복지와 발전에 대한 책임을 공유하고 있다.

그런데 책임감 있는 시민의 역할을 당연하게 받아들이고 실천할 때 어려움을 겪게 되는 경우도 흔하다. 바람직한 일을 하려다 장애를 겪게 되면, 시민으로서의 책임을 회피하고 싶은 분명하고도 현실적인 모순을 경험하게 된다.

이 경우, 우리는 모순과 역설을 잘 처리하지 못한다. 대개 '예'나 '아니요'와 같은 쉽고 분명한 대답을 선호한다. 어떤 일이 당장 생각대로 깔끔하게 처리되어 부지런히 다음 문제로 넘어가야 좋다고 생각한다. 하지만 곰곰이 생각해보면, 삶에서 일어나는 수많은 상황들이 우리 생각만큼 쉽게 처리될 수 없음을 깨달을 수 있을 것이다. 그런데도 문제를 파악하고 해결하는 데 시간과 노력을 기울이는 대신, 그 모순적 상황에 대해 언쟁을 벌이거나 개인적인 죄책감이나 불안을 치유하는 데 더 많은 시간과 노력을 허비한다.

앞에서 이야기한 것처럼, 우리는 교육을 너무 쉽게 하려고 노력해 왔다. 교육을 표준화하고 기계화하려고 시도하면서, 인간발달의 복잡성은 고려하지 않고 개별적으로 접근한다. 예를 들어, 어떤 사람의 가족관계에 문제가 발생할 경우, 그 일은 보통 그의 직업 및 다른 모든 관계에 영향을 미치게 된다. 여기까지는 흔히 언급되고 있지만, 총체적 인간을 다루는 현실적 방안들은 마련되어 있지 못하다. 대개 기업은 전체적인 문제, 즉 직원의 직무 효율성이 그의 삶 전체와 어떤 관계를 맺고 있느냐는 문제를 다루는 훈련을 실시할 의지가 없거나 자기 기관은 그러한 프로그램을 실시할 능력이 없다고 생각한다. 그러나 기업은 "인사관리"와 같은 형식적 과정을 운영하는 것과 마찬가지로 효과적인 리더십이나 인간관계 증진에 관한 프로그램을 마련하여 직원들의 삶에 도움을 줄 수 있고 또 주어야 한다.

현재의 모순은 우리 삶의 한 부분에서 실천하는 일들이 다른 부분의 실천에 영향을 미친다는 사실을 알면서도 각 제도나 기관은 오직 자기 영역에만 책임이 있는 것처럼 행동하고 있다는 사실이다. 교회는 불멸의 영혼이 마음속에 자리 잡을 수 있게 하는 공간이고, 공장은 우리의 직업적 재능이 고용되는 공간이며, 가정은 신체적·사회적 요구가 충족되는 공간이라는 식이다. 사회의 각 제도와 기관 중 어떤 곳에서도 통합을 향한 노력이 이루어지지 않고 있다. 학교 역시 교과과정만 제공하면 된다는 태도를 보인다. 하나의 교과과정이 가지고 있는 다른 교과과정과의 관계성과, 모든 교과과정이 학습자와 맺고 있는 관계성은 대개 무시된다.

이러한 모순은 성인으로 하여금 시간과 에너지를 낭비하게 만든다. 성인은 자기 삶의 각 부분이 서로 무관하고 고립된 개별단위로 구성된 것으로 파악하게 된다. 또한 그와 같은 성인교육은 성인을 자신만의 독특한 성숙을 추구하는 전인으로 이해하지 못하고, 인간의 전인적 성숙을 도모하기보다는 오히려 인간을 분열시키게 된다.

우리는 바람직한 상태로 사회를 진보시키고, 그 사회적 이상을 끊임없이 성찰하도록 도와주는 성인 및 아동교육제도를 추구해야 한다. 현재 우리는 모든 개인이 사회질서를 형성하는 권력에 의견을 표명할 수 있고, 모두가 능동적이고 참여적이며 책임 있는 사회구성원이 되어야 할 필요가 있다고 여기는 사회질서를 실천하고 있다. 따라서 오늘의 우리 사회는 우리 모두가 교육받은 인간이 되고자 노력해야 유지될 수 있다. 그러므로 상대적으로 소수의 사람만이 사회질서에 책임을 지고 있었던 300~400년 전의 교육제도에서 다양하고도 훌륭한 현실적 해답을 발견해내기란 불가능하다. 현재 교육제도상의 변화가 없는 것은 아니다. 그러나 사회질서에 보다 큰 발전을 도모하고자 하는 열망과 요구에는 크게 미치지 못하고 있다.

교육제도란 현존 사회질서에 부합해야 하나 현재 우리의 교육제도는 부분적으로만 적합한 상태이다. 모든 사람이 의견을 개진하는 사회라면, 모든 사람이 그러한 특권을 활용하는 방법, 즉 그 권리를 적절한 책임감 속에서 균형 있게 실천하는 방법을 학습해야 한다. 많은 사람들이 우리의 사회질서에서 혜택을 볼 수 있는 기회를 갖기 위해서는, 그러한 기회를 지속시키기 위한 각자의 책임에 관해서도 학습해야 한다. 자유사회를 성공적으로 유지하는 일은 우리의 사회적 책임과 혜택을 균형 있게 유지하기 위해 요구되는 역할을 우리 각자가 얼마나 잘 학습하고 실천하는가에 달려 있다.

현대 사회와 성인의 병폐에 대하여 형식교육 내지 여타의 교육을 비난할 필요는 없다. 한 개인과 특정한 상황 혹은 기관이 모든 책임을 가지고 있다고 지적하는 것은 문제를 지나치게 단순화하는 것이다. 문제는 모든 요인들의 복합적 배열의 결과이다. 하지만 교육내용과 교수방법이 인간의 행동방식에 주된 원인으로 작용하는 것은 사실이다. 사회의 많은 기관들이 교육을 실시하고 있지만, 성인의 삶이 파편화되고 있는 현실의 가장 큰 책임은 교육의 주된 장(場)인 가정, 학교 그리고 교회에서 아동과 성인을 가르치는 방식에 있다.

교육제도는 반드시 그것이 존재하는 사회질서의 본질에 부합해야 한다. 모든 사람이 자신의 사회적 운명에 관한 결정에 참여하는 민주적 사회를 지속적으로 발전시켜나가고자 한다면, 아주 소수의 사람들이 다수의 사람들의 교육에 대해 결정을 내리는 교육제도는 적절하지 못하다.

9 기원과 준거

'새롭게 생각하라', '창의적으로 일해라', '일단 시작해 보라'는 충고와 동시에, 허나 그 새로움과 창의성이 보통의 생각을 하는 사람들이 이해하고 인정해주는 범주를 벗어나서는 곤란하다는 경고는 정말 독창적이기 어렵게 만드는 역설이다.

지난 수 십 년간 고등학교와 대학의 졸업식에서 축하연설을 한 명사들 대부분은 "상황에 굴하지 말고 맞서 나가라"는 주제를 강조해왔다. 그들은 졸업하는 청년들에게 세상은 곤경에 처해 있으며, 기성세대는 새로운 세대에게 그 곤경을 헤쳐 나갈 횃불을 넘겨주고 있다고 말해왔다. 연설의 감추어진 이면은 기성세대가 다음세대를 위해 자리를 내줄 것을 은유적으로 요청한 것인지도 모른다. 하지만 정작 이러한 권고를 받은 신세대 청년들은 현실 사회에서 기존 방식의 테두리 안에 있을 때에만 자신의 독창성과 비순응성이 인정됨을 발견하게 된다.

대부분의 사람들은 변화에 대하여 동료와 소속기관이 표출하는 끊임없는 저항을 견디지 못한다. 그래서 결국 기존 질서에 순응하게 되고, 사람들에게 괴짜 취급을 받을 독창적 아이디어는 내놓지 못하게 된다. 이러한 상황은 흔히, 가치 있는 생각은 드러나게 마련이며, 변화에 대한 저항은 오히려 가치 있는 생각을 촉발하게 하는 한 방편이라는 말로 방어된다. 간혹 그런 일이 실제로 일어나기도 한다. 하지만 그와 같은 변명은 완고함과 변화에 대한 저항에서 나타난 것이다. 즉, 낡은 기구를 이리저리 조정해서 계속 움직이게 하려는 시도에 불과하다. 우리는 어떤 상황에서 가능한 변화와 새로운 적응을 연구하기보다는 현상태 유지를 위한 노력에 대부분의 시간을 소비한다.

변화는 느리고, 순응은 수많은 개성과 그 개성에 내재한 다채로운 사고를 잠식한다. 독창적인 사람들을 억압하고 단념시키는 데 모든 방법이 동원되며, 색다른 일을 할 수 있는 사람의 콧대를 꺾어버린다. 이처럼 모든 기관이 자기 기관과 전체 사회의 발전을 저해하는 영향력을 행사한다.

사회와 그 소속기관들은 진화하고 변화해야 한다. 하지만 이러한 조정의 과정을 사회와 각 기관은 행정적으로 불편하게 여긴다. 그 결과 시민들은 "착한 아이가 되어" "귀찮은 일에 휘말리지 말아야 한다", 즉 지도자를 따르고 순응해야 좋다는 생각을 하게 된다. 그러나 이러한 경향은 바람직한 학습에 의해 고쳐져야 한다.

우리와 같은 자유사회가 성공을 거두기 위해서는 명령하는 것뿐만 아니라 복종하는 것도 배워야 한다는 말은 사실이다. 우리는 때로 반드시 복종해야 한다. 하지만 동시에 우리 각자의 능력에 어울리는 리더십도 발휘해야 한다. 현명한 판단을 내리기 위해서는 리더십과 순응성의 균형을 유지할 수 있도록 학습해야 한다. 이러한 이유에서 성인교육에 있어 모든 성인에게 리더십과 적절한 순응의 기술을 가르치기 위한 참여훈련이 요청된다.

사회에 순응하지 않는다고 해서 항상 손해를 보는 것은 아니다. 기존질서에 순응하지 않음으로써 우리의 재능을 더욱 훌륭하게 발휘할 방법을 훈련받을 수도 있다. 많은 권력자들이 새로운 생각을 건설적으로 받아들이고 평가하고 있다. 기업 중에는 사원들에게 특별수당과 기타 인센티브를 제시하면서 능동적 제안을 내놓도록 격려하는 곳도 있다. 하지만 창의성과 새로운 사고를 장려하기 위해서는 더욱 많은 일들이 요구된다. 우리 대부분은 새로운 관점을 제시하는 방법을 몰라서, 또 순응해야 할 때와 순응하지 말아야 할 때를 구분하지 못해서, 그리고 자신의 책임을 깨닫지 못하고 또 그 실천의 방법을 훈련받지 못해서 시민으로서의 책임을 다하지 못하고 있다.

초·중등학교와 대학에서 학생들에게 순응하도록 가르친 후, 졸업식 날에는 "상황에 굴하지 말고 맞서 나가라"고 주문하는 것은 성인교육에 진짜 심각한 문제 거리를 만들어내고 있는 것이다. 그러나 이것은 해결가능한 문제이다. 교회와 노동조합, 공장, 야학과 도서관, 그리고 각종 단체의 모임과 사교모임은 이러한 문제를 진지하게 고민해야 한다. 성인들이 "상황에 굴하지 않고 맞서" 시민으로서의 책임을 다하는 것을 학습한다면, 그것을 아이들에게 가르쳐 줄 수 있을 것이고, 이 때 학교도 현실에 맞서도록 가르칠 수 있게 될 것이다.

10 학습 프로그램으로 성인을 끌어들이기

신중한 주의를 요하는 성인교육의 두 가지 과제는 첫째, 성인에게 지속적으로 학습해야 할 필요성을 납득시키는 것과, 둘째, 성인을 학습 프로그램으로 실제로 끌어들이는 방법을 개발하는 것이다.

성인을 교육 프로그램에 성공적으로 끌어들이고 지속적으로 참여하도록 하기 위해 교육 담당자는 성인학습자의 특성을 이해하고, 그에 비추어 학습자의 요구와 해결과제를 명확히 할 수 있어야 한다. 그리고 밝혀진 학습자의 특성과 요구, 해결과제를 학습 프로그램의 설계에 효과적으로 반영해야 한다.

성인교육 프로그램은 대부분 자발적으로 참여하는 형태이다. 그런데 사람이 강제되는 것이 없을 때 무엇인가를 해야겠다고 스스로 깨우치는 일은 매우 어렵다. 심지어 의도가 좋은 경우에도 그러하다. 자기주도성(self-discipline)은 그 실천이 정말 어려운 일이다. 자유는 창조적 영혼의 발전에 필수적이지만, 일상에서 자유와 무책임을 구별하지 못하는 경우는 흔하다.

대부분의 성인교육 프로그램이 갖고 있는 참여의 자발성이라는 특징은 프로그램 설계자에게는 매우 까다로운 문제이다. 각 프로그램은 성인에게 해당 과정이 제공할 가치가 무엇인가를 제시해주어야 하고, 그에 따라 적절한 성인교육활동이 제공된다면 그 프로그램의 목적은 달성될 수 있을 것이다. 따라서 무엇보다 우선적인 일은 일단 사람들이 참여하여 교육 프로그램을 접할 수 있도록 유도하는 것이다. 이는 프로그램의 유형, 시간, 상황에 따라 다양한 해결책을 요구한다.

사회적으로 얼마나 바람직한가라는 문제와 관계없이 우리는 대개

"도대체 이것이 내게 주는 이득은 무엇인가요?"라고 묻는다. 유능한 성인교육 담당자라면 이 질문에 망설임 없이 대답할 것이다. 그는 성인학습자에게 그가 어떻게 도움을 받을 수 있는지, 그리고 학습 프로그램에 참가하는 것이 어떻게 이익이 될 것인지 보여주고자 노력할 것이다. 지각있는 성인교육 담당자는 학습자의 신념, 정서적 기질, 교육배경과 같은 학습자의 현상태에서 시작해야지, 그가 생각하는 성인의 당위적 위치에서 출발해서는 안된다는 것을 알고 있다. 사람들은 대부분 타인이나 사회적 의의보다는 개인적 이익에 관심이 더 높다. 물론 이러한 태도는 성인교육을 통해 자기중심적(ego-centered) 관계와 사회중심적(socio-centered) 관계 간의 건강하고 균형있는 상태로 성장할 수 있다. 그러나 그러한 변화도 성인이 일단은 학습 프로그램에 참여해야 가능하다.

우선, 성인의 참여를 유도하고자 교육에서 제공될 수 있는 사회적 가치를 강조하는 방법을 활용할 수 있다. 특정한 사회적 지위를 얻는 데 도움을 받고자 프로그램에 참여하는 사람들도 있고, 혹은 단지 다른 사람들과 함께 하기 위해 프로그램에 참여하는 사람들도 있다. 여성은 남성을 만나기 위해, 남성은 여성을 만나기 위해 성인학습 프로그램에 참여하는 경우도 있다. 많은 사람들이 단지 삶의 권태를 덜기 위해 교육에 참여한다. 이러한 이유들은 학습에 참여자를 끌어 모으기 위한 시작점으로 훌륭하다.

성인교육자는 잠재적 성인학습자들에게 자신이 학습자의 요구와 현실적 문제를 잘 알고 있으며, 그가 설계한 학습 프로그램은 그러한 학습자의 요구와 현실적 문제의 해결을 목표로 하고 있다는 것을 홍보해야 한다. 일반적으로 성인은 그들이 이해할 수 없거나 개인적으로 무관하다고 생각하는 문제에 관해서는 관심을 갖지 않는다. 성인교육 담당자는 자신이 학습자의 교육적 과제가 무엇인지 이미 알고 있거나 혹은 그것을 연구하고 있다는 점, 그리고 그가 그 과제를 해결하려는 노력에 도움을 줄 수 있도록 학습자에게 큰 관심을 기울이고 있다는 사실을 잠재적 학습자들에게 드러내야 한다.

각 기관은 성인학습자를 교육 프로그램에 참여하도록 이끄는 역할을 할 수 있다. 성인교육을 실시하는 기관이 증가하고 각 기관이 자신들의 교육과정을 널리 홍보할수록, 잠재적 학습자는 성인교육분야에 더욱 큰 관심을 가질 수 있을 것이다. 사람은 대개 군중을 따르거나, 다른 사람이 하고 있는 것을 그대로 따라 하거나, 혹은 "적당한" 것을 하려고 한다. 각 기관이 좋은 학습 프로그램을 마련하고 그것을 널리 선전함으로써 위와 같은 성인의 심리적 특성을 이용해 사람들을 성인교육에 좀 더 끌어들일 수 있다.

대중매체(신문, 라디오, 텔레비전, 잡지)는 사설과 기사, 다큐멘터리, 드라마, 보도 등을 통해 성인학습의 중요성을 널리 알릴 수 있다. 대중매체로 대표되는 강력한 여론 형성 기관들은, 사람들이 교육받지 못하고 책임감이 결여된 사회에서는 민주주의가 살아남을 수 없다는 사실과 학습은 성인에게 흥미롭고 가치있는 일이라는 점, 그리고 학교에서 공부했던 것이 성인이 여생 동안 민주시민으로 살아가는 데 충분하지 못하다는 생각 등을 고양하고 대중화할 수 있으며, 현재도 어느 정도 그 역할을 수행하고 있다.

공립학교는 각 지역사회의 성인교육에 크게 기여할 수 있다. 공립학교가 직접 성인교육을 실시할 수도 있고, 지역 사회 내의 성인교육 활동에 필요한 정보 사랑방(clearing house) 역할을 할 수도 있다. 각 지역의 공립학교는 지속적인 교육 프로그램 홍보를 통해, 모든 성인들이 지역사회에서 제공되는 교육기회를 잘 알 수 있도록 하는 역할을 할 수도 있다.

이밖에도 성인을 학습 프로그램으로 끌어들일 수 있는 아이디어들은 무궁무진하겠지만, 무엇보다 중요한 것은 그것이 모두 현실적으로 실천할 수 있는 것이어야 한다는 점이다.

성인교육가는 자신이 설계한 성인학습 프로그램이 성인학습자의 신념과 희망, 공포 그리고 포부 등과 같은 특성을 잘 반영하고 있다는 점을 널리 홍보해야 한다.

11 잠정적 상황과 더불어 삶을 배우기

사회는 끊임없이 변화하고 발전하기 때문에 완전한 해결책이 존재하기 힘들다. 이러한 사실을 무시한다면 성인교육을 발전시키기 어렵다. 우리는 거의 모든 시간과 노력을 절대적 안정의 추구에 바친다. 누구나 잠정적인 상황에서 적절한 안도감을 가지고 살아가는 데 익숙해지는 일은 정말 어렵다고 생각한다.

불확정한 상황에서 우리는 극단으로 치닫는 경향이 있다. 사회적으로 이타적인 행동은 아예 하려 하지 않는 사람도 있고 혹은 사람들의 모든 문제를 해결하는 방안을 마련하고자 노력하는 사람도 있다. 정치적으로도 무정부주의에서 독재주의까지 매우 다양한 경향을 보인다. 도덕적으로도 위선적인 자세에서 방탕함에 이르기까지 사람들의 아주 다른 모습을 찾아볼 수 있다. 인생에서 어떤 사람은 모든 문제에 대한 해답을 원하고 또 어떤 사람은 어떠한 해답도 원하지 않는다. 그러나 우리 모두는 우리가 살아가기 위해서는 더 나은 해답을 찾아나

서야 하며, 그러한 과정은 항상 해답의 일부분만을 보여줄 수 있다는 사실을 깨달아야 한다. 좀 더 완전한 해답을 추구하는 한편, 지금까지 발견한 해답을 가지고 개인적·사회적 문제를 해결해 나아가야 한다.

우리는 어떤 문제를 말끔하게 해결하지 못한 채 다른 문제로 넘어가고, 또 새로운 문제 역시 완전하게 해결하지는 못한다. 살아가면서 익숙해져야 하는 이러한 "보류상태(state of suspension)"는 사람을 혼란스럽게 한다. 문제 해결을 못해 아주 곤경에 처하게 되는 경우도 생기는데, 그것은 완전한 해답을 알 수 없기 때문이다. 이런 경험을 할 때 우리는 세상사를 풀어가는 데 관심을 잃고 손을 놓는다. 즉각 효과가 나타나는 완전한 해답을 찾을 수 없을 바에야 노력할 필요도 없다는 생각에 아예 문제 해결을 하지 않으려는 자세를 보이게 되는 것이다.

성인학습자가 늘 변화하고 상존하는 문제상황에서도 마음 편한 생활을 가능하게 하는 해답을 끊임없이 찾게 하고, 그러한 탐색을 공동체의 문제 해결의 맥락으로도 확대해 나갈 수 있도록 격려하는 일은 성인교육의 중요한 과제이다. 이러한 과제에서 무엇보다 핵심적인 사항은 학습자가 학습이라는 모험에서 마주칠 수 있는 어려운 상황을 이겨내려고 노력하는 자세를 갖도록 돕는 일이다.

어떠한 상황을 효과적으로 이끌어가는 것은 다양한 극단들 속에서 가장 적절한 것과 가장 유용한 것을 선택하고, 그들 간의 균형을 도모하는 능력에 달려있다. 분명하게 '예' 혹은 '아니요'라고 대답할 수 있는 문제상황이란 존재하지 않는다. 우리는 보통 어떤 딜레마에서 벗어날 수 있는 가장 쉬운 방법을 모색하고, 완벽한 해답으로 긍정적 결과를 약속하는 지도자를 따르는 경향이 있다. 이러한 지도자는 대중의 사고나 노력을 요구하지 않는다. 그리고 그 지도자에게 실망하는 결과가 벌어졌을 때, 우리는 또 다른 완벽한 해답을 따르거나 혹은 모든 해답을 의심하는 냉소를 보이게 된다.

가끔은 둘 중 그나마 덜 나쁜 것을 선택해야 하는 경우도 있다는 사실을 이해하도록 하는 성인교육이 필요하다. 이러한 이해는 비록 잠정적이지만 효과적인 현실적 관계를 발전시킬 수 있다.

일의 균형을 추구하여 어떤 평형상태를 모색할 때 우리는 당혹스러운 문제와 마주하게 된다. 즉, 우리가 경험하는 대부분의 교육은 잠정적인 균형을 끊임없이 찾는 것과 모순된다는 사실이다. 대중매체와 학교, 교회와 동아리 모임 등 어떤 장소에서나 확실한 해답이 추구된다. 학교에서 우리는, 정말 필요한 것은 특정 교육 프로그램을 통한 철저한 기초지식이라고 배운다. 각종 교육프로그램 진행자들은 자신이 제시하는 관점이야말로 사회를 구원하는 위안을 제공한다고 설득한다.

심리학적 지식과 인간의 행동방식을 다른 기관들에 비해 훨씬 더 현실적으로 활용해온 광고업계는 우리에게 정보공세를 퍼붓는다. 광고전문가들은 인간의 본성에 대한 지식을 오용하는 경우가 많다. 심리학적·사회학적 정보를 재치있게 활용하는 이 광고전문가들은 광고에서 윤리와 사회발전에 대한 책임을 논하기도 한다. 하지만 이들은 텔레비전 광고나 옥외 광고판의 카피는 고민하면서도, 자신들이 벌이는 그 캠페인의 결과가 학습자에게 성숙을 촉진하는지 아니면 미성숙을 조장하는지에 관해서는 거의 신경을 쓰지 않는다. 결과에 대한 평가는 결국 소비하도록 권유한 상품을 광고를 학습한 사람들이 얼마나 소비했는가로 측정된다. 이것은 개인적 성숙과 문명화 과정을 진흥시키고자 고군분투하는 수많은 사람들의 노력과는 거리가 멀다. 광고업계는 사람들로 하여금 필요 이상으로 구입하도록 훈련시키고 가처분 소득보다 많은 돈을 빌려 훨씬 더 많이 구입하도록 하는 것, 그러면서도 항상 불만족스러워하도록 하는 것, 그리고 친구와 이웃을 부러워하도록 하는 것 등, 인간의 사회적·심리적 약점을 악용하고 있다.

가치의 혼란은 인류의 성숙에 헌신하고 있는 기관들이 서로 현저하게 다른 관점들을 제기할 때 발생한다. 그 결과 삶은 서로 공존할 수 없는 구획들로 구분된다. 예를 들어 우리는 교회가 어떤 인생의 해답을 주지만, 교회가 우리에게 주는 그 정보는 현실적이지는 못하다고 생각한다. 그래서 주일(혹은 약 1시간 남짓)은 몇몇 사람들이 종교적이 되는 날이고, 그 나머지 시간은 현실적으로 살아가야 한다.

대부분의 학교와 대학이 직업훈련기관으로 전락해왔지만, 일부 교육과정은 여전히 우리의 관점을 확장시키는 데 도움을 줄 수 있도록 설계되고 있다. 그러나 이러한 교육과정은 종종 성공을 위해 거쳐야 하는 "잡동사니"들로 취급되곤 한다. 그리고 사람들은 성공이란 오직 소유와 권력으로 측정될 수 있다고 말한다.

대학과 종교기관, 그리고 각종 사회기관들이 진보를 일궈내는 문명화 과정을 진행시키고 있다는 것은 분명하다. 그러나 대학의 경우 광범위한 지식을 인간의 심리적·행동적 특성에 맞추어 효과적으로 교수하고 있다고 보기 힘들다. 종교기관 역시 교리의 해석과 실천을 신자들에게 잘 전달하고 있지 못하다. 대학도, 종교기관도 사람을 변화시키는 데 있어 비효과적인 방법에 너무 많이 의존하고 있다. 대학과 종교기관은 주요 교육조직임에도 불구하고, 그 소속 지도자들은 대개 인간의 학습방법과 실천적 교수방법에 대해 거의 훈련받지 않은 상태이다. 때때로 이런 기관에 종사하는 사람들은 학습자보다는 자신의 학문이나 종교적 교리 자체에 더 많은 관심을 표명하기도 한다.

서로 다른 목적에서 다양한 기관들이 설립되고, 서로 다른 기관들은 서로 다른 내용을 가르친다. 따라서 성인교육은 우리가 마주하는 다양한 철학들을 실천 가능한 관계 속에 결합시키는 역할을 해야 한다. 성인은 삶을 살아가는 것과 살아가기 위해 학습하는 것 사이의 균형을 유지하기 위해 도움을 필요로 한다. 물질적 자원이 우리를 이용하는 것이 아니라, 그런 물질적 자원이 우리에게 봉사하도록 만드는 방법을 학습해야 한다.

모든 문제는 우리가 이해하고 활용할 수 있는 직접적 해답을 가지고 있지 않다. 그러나 잠정적 해답은 우리의 지속적 탐구과정에 도움을 줄 수 있다는 측면에서 유용하다. 현재까지 밝혀낸 해답은 잠정적인 것에 불과하다. 그리고 분명 더 나은 해답이 있기 마련이다. 문명화 과정의 진전에 있어 어떤 해답은 다른 것보다 훨씬 효과적이다.

어떤 사실과 진리는 본질상 잠정적이지 않은 것도 있다. 어떤 것은 아직 밝혀지거나 드러나지 않았고, 또 어떤 것은 우리가 이해하고 있지 못한 상태다. 그리고 어떤 것은 알고 있지만 무시해도 좋다. 효과적 성인교육이란 '모 아니면 도'의 상황이 아니다. 현재 우리가 할 수 있는 것은 취해야 하고 최대한 활용해야 한다. 잠정적 해답이라도 있는 것이, 아무 것도 없는 것보다는 우리에게 도움이 된다. 우리 성인교육가가 이러한 생각에서 교육에 접근한다면, 과연 학습자가 학습했는가는 고민하지 않고 매 학기 수많은 책과 자료, 팜플렛을 쏟아내면서 강좌를 개설하는 것에만 매달리지는 않을 것이다. 성인교육가의 과제는 교과가 아니라 성인을 교수하는 데 있기에, 우리는 우리가 가르치고 있는 사람들의 특별한 요구를 충족시킬 수 있도록 가능한 한 프로그램을 조정하고 또 조정해야 한다. 이것은 성인교육가가 재충전과 평가, 프로그램의 신중한 설계의 기반이 되는 잠정적 해답 속에서 현명한 리더십을 발휘하여 현재의 문제를 해결해 나갈 필요가 있다는 것을 의미한다.

제 6 장

성인교육 실천을 위한 개념 I

제 6 장

성인교육 실천을 위한 개념 I

성인학습 프로그램의 개발은 어떤 신념이나 가정, 또는 철학에 기초를 두고 있어야 하는데, 이것은 학습 프로그램을 위한 토대와 방향을 제공하고 프로그램을 평가하는 근거가 된다. 전체주의자들은 학습자로 하여금 정해진 질서를 따르게 하고 다른 사람들이 기대하는 대로 믿고 행동하도록 하는 데 프로그램의 초점을 맞춘다. 그러나 반대부 류의 사람들은 전체주의자들의 원리가 인간 개성(human personality)의 발달과는 양립할 수 없다고 확신한다. 성인교육가는 그의 전문성 여부나 전체주의에 대한 선호 여부와 무관하게 반드시 그가 기초로 삼아 활동하고, 다른 사람들을 이해하고 이해할 수 있도록 만드는 어떤 근거를 가지고 있어야 한다. 이 장에서는 성인교육 프로그램의 바탕이 되는 가정이나 지침, 또는 개념들을 고찰한다.

뚜렷한 원리와 목적에 근거한 신중한 계획이 없이 어떤 프로그램을 시작하는 것은 학습이라는 모험에 참여하고 있는 사람들뿐만 아니라 성인교육 프로그램 기획자들까지 좌절에 빠뜨린다. 영속적인 목적이 있는 반면, 역동적인 학습과정에서 제기되는 문제에 따라, 즉 프로그램 진행에 따라 변화하고 조정되는 목적도 있다. 만약 긍정적인 결과를 원한다면, 견고한 목표에 기초한 효과적이면서도 유동적인 전략이 설계되어야 한다.

다음에서 제시되는 개념들은 우리의 요구 및 책임을 더욱 잘 인식할 수 있도록 도움을 줄 수 있다. 또한 우리가 성장하고, 잠재력을 발견하며 그것을 사용하는 방법을 배울 수 있도록 한다. 성인교육가가 다음에 제시되는 개념들을 현명하게 해석하고 실천할 때, 학습자는 민주적 생활방식을 탐구하고 실천하는 데 도움을 받을 수 있다.

"민주적 생활방식(democratic way of life)"이라는 용어는 사람들 각각에게 의미하는 바가 다르다. 어떤 이에게 민주적 생활방식이란 선(善; goodness)의 본질, 즉 그들이 추구하는 바람직한 결과이다. 반면 민주적 생활방식이라는 것은 실용적이지 못한 삶의 방식으로의 어리석은 탈선이며, 결국 무정부 상태의 재앙으로 끝맺게 될 것이라고 생각하는 사람도 있다. 어떤 이는 민주적 생활방식과 민주주의를 동일한 것으로 생각하는데, 이것은 하나의 정치체제를 의미할 수도 있고 혹은 어떤 정당을 의미할 수도 있다고 본다. 또한 어떤 이는 이런 것에 전혀 신경쓰려 하지 않는다.

본래 민주주의는 국민의 통치를 뜻했다. 민주주의란 아테네라는 고대 그리스 도시국가에 상정된 모든 문제에 대해 모든 자유민과 해방노예가 투표할 수 있었던 정치체제였다. 실제로 사람들은 경기장이나 원형극장에 모여서 제기된 특정 문제에 대해 거수로써 각자의 신념을 표명하였다. 이것은 국민들이 유권자를 대표하고 국민의 의지를 대변할 사람을 선출하고, 국민의 의지는 이 대표자들의 모임인 국회에서 행사될 것이라고 가정하는 대의제 형태의 정치조직은 아니었다.

대의제(representative system)는 공화정의 특징이다.

공화정에서는 선출된 인민의 대표자들이 통치의 문제를 처리하는 데 비해, 진정한 민주정에서는 모든 사람이 모든 문제에 대해 의사표시를 할 수 있는 기회를 가진다.

진정한 정치적 민주주의는 비현실적이며, 정치적인 의미에서 '민주주의'라는 말은 절대 권력이 유권자에게서 나와 그 대표들에 의해 표명되는 공화제의 한 종류를 뜻한다. 그래서 정치적 의미에서 "민주주의"라는 단어는 최고 권력이 선거권자에게 부여되고 선출된 대표자들에 의해 표명되는, 일종의 공화정을 의미하게 되었다.

정치 권력이 어디에 있느냐가 가장 중요한 문제이다. 왜냐하면 이것이 인간이 노예상태가 되느냐 아니면 해방되어 성장할 수 있도록 도움을 받느냐 하는 문제를 결정하게 되기 때문이다. 하지만, "민주주의(democracy)"라는 단어가 가지고 있는 정치적 함의에 덧붙여, 민주주의는 "민주적 생활방식"이라는 용어에서 더 폭넓고 포괄적인 의미를 가지게 되었다. 민주적 생활방식이란 "민주주의"가 사회적 양식에서 중요 요소가 되는 경우에 행해야 할 바를 의미한다. 민주적인 생활방식은 참여자에게 가능한 한 최소한의 제약하에 개인적 요구를 충족하는 삶의 방식을 찾아내고 발견할 수 있는 기회를 제공한다.

더불어 살아가는 삶 속에서 민주적인 생활방식은 하나의 실험이다. 전 세계 수십억의 사람들이 오늘도 소위 민주적인 삶의 방식을 통해 문명화된 유대를 위한 해답을 찾기 위하여 고군분투하고 있다. 우리는 스스로 부과한 규율(self-imposed discipline)에 따라 야만적 본성을 억제할 만큼 자신에 대한 학습이 가능한지를 알아내고자 한다. 또한 타인의 자유를 침해하지 않으면서 자유로울 수 있는 방법을 찾고자 노력한다. 이것은 우리 스스로를 공동체, 즉 사회 전체에 대하여 특별한 책임을 가진 개개인으로 바라보도록 학습하는 것이다. 우리는 시민으로서 우리의 권리를 인식하고 주장하는 방법과 이러한 권리에 따르는 책임을 수행하는 방법을 배우고자 노력하고 있다.

우리는 민주적 생활방식의 근간을 이루고 있는 기관들 속에서 자신의 능력에 맞는 역할을 찾고, 관련된 재능을 끌어내며 참여할 수 있는 방법을 찾고자 한다. 또한 타인의 기회와 자유를 침해하지 않는 한, 자신이 선호하는 방향으로 살아가는 방법을 학습해야 한다. 그리고 성장을 위해 우리의 잠재력을 지속적으로 개발·활용하며 타인들도 그러할 수 있도록 우리 삶의 질서를 세워가는 방법을 배워야 한다. 귀중한 개성의 성장에 유익하도록 자유를 올바르게 실천하는 방법과 우리가 가진 기회를 적절히 이용하는 방법을 함께 학습할 필요가 있다. 우리는 명백한 것이든 은밀한 것이든 간에 폭력(force)을 막는 방법을 찾고자 한다. 인간과 사물의 본질에 관해 더욱 많은 것을 발견하여 모두가 풍요롭게 살아갈 수 있는 방안을 고민하고, 그 결과 최상의 상태로 진보해 나아갈 수 있는 방법을 고안하고자 노력한다.

이상의 내용이 이 책에서 말하는 "민주적 생활방식"이란 용어가 함축하고 있는 의미이다. 그리고 뒤이어 설명하는 성인교육을 위한 개념들은 이러한 생활방식을 진전시키기 위해 선택된 것이다.

선택된 개념들은 어느 정도는 사색적이고 실험적 내지는 발전 단계에 있다는 점에서 이론적(theoretical)이다. 또한 적어도 부분적으로는 활용되고 적용될 수 있다는 점에서 실천적(practical)이기도 하다. 다음의 개념들의 실현 여부는 민주적 생활방식을 사고와 생활의 중심에 자리잡도록 노력하는 우리의 지혜와 잠재력에 달려 있다.

간단하게 조작할 수 있는 자동차가 없는 것과 마찬가지로, 간단한 사회질서란 존재하지 않는다. 우리는 자신에 관한, 즉 우리가 행동하는 방식과 그렇게 행동하는 이유에 관한 엄청난 양의 지식을 가지고 있다. 또한 단순히 존재하기 위한 것이 아니라 완전하게 살아가기 위해 우리가 반드시 해야 하는 일이 무엇인가에 대한 확실한 정보를 많이 가지고 있다. 하지만 도움이 되는 지식을 활용하는 데 있어 어려움을 겪는다.

성인교육은 우리가 아는 바 중에서 최상의 것을 설명하고 해석하며 사용할 수 있도록 도움을 줄 때 제 역할을 할 수 있다. 또한 성인교육은 우리와 같은 처지에 있는 인간 존재를 이해하고 섬김으로써 하느님을 알고 숭배하는 방법을 드러낼 수 있을 때 가치가 있는 것이고, 일을 통해 만족감을 얻을 수 있도록 도와줄 수 있을 때 유용한 것이며, 자아존중감(self-respect)과 타인에 대한 존경심을 배울 수 있도록 도와줄 수 있을 때 긴요한 것이다.

자동차 운전자는 안전하게 운전하는 법을 배워야 하는데, 안전 규칙들을 되뇐다고 해서 저절로 안전하게 운전할 수 있는 것은 아니다. 결국 그 자신과 자동차를 통제하는 방법과 안전 규칙을 응용하는 방법을 몸에 익혀야 한다. 우리를 자유롭게 할 수 있는 생활방식을 아는 것, 그리고 그러한 생활방식을 뒷받침해 줄 수 있는 성인교육 프로그램의 요구를 파악하는 것은 단지 첫 걸음에 불과하다. 우리에게 유용한 지식의 방대한 창고를 활용하는 방법을 알아야 한다.

다음은 성인이 전인을 모색하며 성숙해가고 있는 존재로서 스스로를 바라볼 수 있도록 하기 위하여 성인교육 프로그램의 설계·운영에서 고려되어야 하는 사항들이다. 제시된 순서는 운영순서나 중요도와는 무관하다.

1 성인은 배울 수 있다

연령이나 지능, 인종, 성별, 종교, 몸집, 겉모습과 무관하게 모든 성인은 발달하고 있는, 즉 성숙해가고 있는 존재로서 자신의 본성(nature)을 충분히 발현하기 위해 학습할 수 있고, 또 반드시 계속 학습해야 한다.

성인교육에 있어 중요한 과제는 성인교육이란 성인과 사회에 이익이 되며, 나아가 그들 자신과 삶의 문제를 해결하는 데 도움이 되는 새로운 사항을 제시해 준다는 사실을 성인들에게 설득하는 일이다. 성인들은 학습이라는 용어에서 학교와 교실, 그리고 아이들을 떠올린다. 물론 현재 많은 성인들이 무분별한 학습과는 구별되는 성인교육 프로그램에 참여하고 있긴 하지만 교육에 참여하는 성인은 전체 성인의 수를 고려한다면 소수에 불과하다.

우리가 만일 성인들이 계속학습 프로그램에 참여하지 않는가에 관한 이유를 알고자 한다면 성인 자신과 그의 역사 모두가 책임을 나눠 가져야 함을 발견하게 된다.

대개 성인은 어떤 학습 프로그램에 참여할 시간을 계획할 만큼 충분히 계획적이지 못하다. 많은 사람들은 집단 내에서 학습하기 위해, 또는 개인적으로 공부하기 위해 일정한 시간을 비워두도록 스스로를 다스리는 번거로움을 감수하려 하지 않는다. 정규적인 학습 프로그램을 수행하는 데 필요한 자기 규율(self-discipline)을 피하려고 온갖 변명을 꾸며대기도 한다. 즉 너무 피곤하다, 잘 못한다, 시간이 별로 없다, 공부할 장소를 찾을 수 없다, 그다지 실용적인 가치가 있어 보이지 않는 공부에 시간을 낭비하는 것은 의미가 없다, 그 집단의 누군가가 맘에 들지 않는다 등의 다양한 이유를 든다. 또는 교사나 지도자가 건방진 얼간이라든가, 누군가가 우리 수준 이상의 것을 강요한다든가, 공부하기에는 자신이 너무 나이들었다든가, 그것 정도는 안다든가 또는 너무 어려워 할 수 없다는 등의 변명을 둘러댄다. 이외에도 변명거리는 끝도 없다. 확실히 이러한 사항 중 몇 가지는 진실일 수도 있겠지만, 전반적으로 볼 때 근본적인 이유는 아니다. 문제는 스스로를 다스리기 어렵다는 데 있다. 규율이란 타인에게 해당되는 것이고 우리는 변화를 원하지 않는다.

우리는 우리를 책임감 있는 시민으로, 즉 분별력과 판단력 있는 결정을 끊임없이 내려야 하는 시민, 가족과 직장 그리고 교회 및 정부에서 발생하는 문제에 대하여 제 목소리를 낼 시민으로 성장시켜주는 성인을 위한 계속학습이 가지는 중요성을 이해하지 못한다. 어린 시절 학교에서 배운 것이나 젊은 시절 대학에서 배운 것은 성인으로서의 과제해결을 위한 발판에 불과하다.

성인은 학습할 수 있다. 그리고 지속적인 성인교육과정의 첫 걸음으로 스스로를 규율하는 방법을 학습할 수 있다. 좀 더 나은 문제해결 방법을 고민하고, 자신의 사회적 책임을 인지하여 실제 사회에 기여하기 위해서는 현실적인 방법을 무시하고 다른 사람의 실천은 비난하기보다는 가정과 교회 그리고 정부의 운영에서 자기 몫의 책임을 다할 수 있는 방법을 학습해야 한다.

성인학습에 대한 또 다른 장애물은 대개 학습자가 자신은 배우기에 너무 나이 들었다고 생각한다는 사실이다. 사실 이것은 변명이 아니라 솔직한 반응인 경우가 많다. 나이가 든 사람들은 더 쉽게 잊어버리고, 때로 어떤 학습 경험에 있어서는 좀 더 많은 노력을 기울여야 한다. 그러나 사람들은 어떤 연령에서든 훌륭하게 학습할 수 있다. 연령단계별로 학습능력에 차이가 발견되는 것은 사실이지만, 그것이 진정으로 배우고자 하는 사람을 단념시킬 정도의 것은 아니다. 나이가 들어감에 따라, 우리의 가치는 변화하고 흥미와 관심사도 변화한다. 실제로 이러한 변화가 흥미(interest)의 문제로 제기되어야 함에도 불구하고, 잠재적 성인학습자들은 이를 학습의 장애로 해석하고 마는 경우가 많다.

너무나 중요한 지속적인 학습 모험(learning adventure)에서 개인적인 상황과 사회질서는 서로 협력할 필요가 있다. 사회조직은 폭넓게 성인학습에 대한 매력적인 기회들을 제공해야 한다. 그가 누구이든, 그의 직업이나 사는 곳이 어디이든, 모든 성인은 학습 프로그램에 참여할 수 있는 기회를 가져야 한다. 직업을 가진 성인, 은퇴한 성인, 질병으로 병원에 입원해 있는 성인, 감옥에 갇혀 있는 성인, 똑똑한 성인과 그다지 똑똑하지 못한 성인 등, 이들 모두는 반드시 인간 존재로서 잠재력을 발휘해야 한다. 인간은 본성상 성장하고 운동하며 변화하고자 하는 충동을 만족시키려는 마음을 지니고 있기에 성인학습은 매우 중요하다.

우리가 자신의 성장 잠재력의 아주 작은 부분이라도 발견해내지 못한다면, 항상 차선책에 만족하면서 살아가게 될 것이다.

모든 인간은 자신의 학습량에 제한을 받는데, 그것에는 크게 두 가지 원인이 있다. 첫째, 인간의 학습량은 학습 잠재력인 수용능력(capacity)에 의해 제한을 받고, 둘째, 인간 스스로가 설정한 심리적 요인들에 의해 제한을 받는다. 정신능력이나 학습 잠재력을 조정할 방법은 많지 않다. 어떤 사람은 다른 사람들보다 학습 수용능력이 크기 때문에 더 훌륭하게 학습할 수 있다는 사실을 인정하고 성인교육의 문제에 현실적으로 접근해 들어가야 한다. 학습에 대한 수용능력이 인간학습에 가하는 제약을 통제하기란 사실 어려운 일이다. 그러나 스스로 부과한 심리적 제약은 노력을 통해 극복해볼 만하다. 자신의 주변에 쌓아놓은 변명과 무관심의 장벽을 헤치고 나아갈 때, 인간은 자신이 가진 잠재력을 계발하는 방법을 학습할 수 있다.

2 성인과 아동은 다른 교육적 문제를 갖는다

성인은 단순히 다 자란 아동이 아니다. 비록 어린아이 같은 수준의 행동을 보일지라도, 성인은 아동과는 구별되는 존재이다. 따라서 성인의 교육과제는 아동과는 다르다. 성인은 아동과 생리학적으로 다르고, 대개 성인의 인격은 더 성숙해 있으며, 성인과 아동의 경험도 다르다.

성인교육의 초창기에는, 성인교육가의 주요 자격요건 중의 하나가 아이들을 가르쳐본 경험이 있느냐였다. 주일학교에서 아이들과 성인들을 가르치는 활동에는 대개 학교 교사가 선발되었다. 이는 주로 아이들을 가르치는 훈련을 받았다는 이유 때문이었다. 기업과 교회, 농민 조합과 같은 기관에서 실시되는 성인교육의 경우도 유급직은 주로 전직 공립학교 교사였다. 최근 미국 정부는 외국 원조 프로그램 중 성인교육 관련직에 다수의 학교 교사들을 모집하였다. 아이들을 가르칠 수 있다면 어른도 가르칠 수 있을 것이라는 의견이 일반적이었다. 교수(teaching)는 연령과 무관하다는 것이다. 상황을 아주 단순화한 이러한 아이디어는 실제로 수행되었다. 성인문해교육을 위해 공립학교 교사를 채용한 이유에 대해 한 정부 고위관료는 "이 사람들은 어린이에게 읽기와 쓰기를 가르칠 수 있다. 그렇다면 성인도 충분히 가르칠 수 있지 않겠는가?"라고 답했다. 그리고 실제로 어떤 교사들은 아동교육과 성인교육 모두를 훌륭히 해낼 수 있었다. 마치 동네 의원의 의사가 아동과 성인의 흔한 질병들을 두루두루 치료할 수 있는 것처럼 말이다. 그러나 오늘날 전반적인 경향은 전문화라 할 수 있다. 전문가들은 자신의 전공 분야에서 활용할 수 있는 지식을 받아들이는 데 있어 좀 더 훌륭한 능력을 갖추고 있다. 사람에 관한 정보의 축적은 심리학, 교육학, 인류학, 사회학 등과 같은 인간행동에 대한 학문들로 인해 급속도로 증가하고 있다.

성인과 아동의 생리학적·심리학적 차이점에 관한 지식은 성인교육을 위한 실제적이고 유연한 근거를 제공하고 이에 따라 생산적인 성인학습 프로그램을 설계할 수 있다.

성인교육 전문가와 비전문가 사이의 차이점을 몇 가지 살펴보자. 성인과 아동은 서로 다른 삶의 과제를 안고 있다. 해비거스트(Havighurst)의 '발달과업'이라는 개념은 이러한 성인과 아동의 차이를 이해하는 데 도움이 된다. 발달과업은 살아가면서 어느 정도 완전성(completeness)을 달성하고자 할 때, 반드시 성취되어야 하는 "삶의 기본 과업(basic tasks of living)"이다. 성인은 부부간의 만족스러운 관계 형성과 자녀 양육, 생계유지, 가사, 일정한 사회적 책무 등과 같은 과제에 정면으로 맞서야 한다. 성인교육은 이러한 문제들의 해결에 초점을 맞추어야 한다. 아동교육이 아이들이 아이로서 잘 살아갈 수 있도록 도와주고, 성인기의 더 큰 책임들을 준비할 수 있도록 도와주는 방향으로 진행되어야 하는 것처럼 말이다.

다음의 추가적인 사항들은, 아동과 구별되는 성인의 본성에 근거한 성인교육철학을 확립하는 데 도움을 줄 수 있다.

생리학적으로 성인은 아동보다 보고 듣는 데 있어서 더 많은 문제를 가지고 있을 수 있다. 성인은 신체 조건에 있어서도 아동과 다르다. 따라서 성인은 아동에게 맞춰진 교육용 가구를 사용할 수 없다. 그러나 이런 명백한 사실이 때로 간과되고, 성인을 아동용 책상과 의자에 앉게 함으로써 생리학적인 문제들을 야기시킨다. 많은 성인들이 만성질환을 가지고 있다. 신체적 · 생물학적 욕구 차이는 중요하다. 이러한 생리학적 요소들을 고려하지 않는 것은 성인교육의 과제 해결을 어렵게 한다.

성인과 아동의 또다른 차이는 성격(personality)이다. 성인이 환경에 적응하고자 하는 행동 양식은 성인마다 서로 다르다. 같은 성인이라도 서로 다른 성격을 가지고 있지만, 성인의 성격과 아동의 성격 사이에도 엄청난 차이가 존재한다. 성격이란 변화하고 발전하는 성질을 가진 지속적인 발달의 단계에 있는 것이지만, 대개 성인은 아동에 비해 훨씬 더 고정적이고 견고한 성격을 소유하고 있다. 반면 아동의 행동 양식은 좀 더 빠르게 변화하고 결과적으로 아동은 성인보다 더 쉽게 다른 사회적 환경에 적응한다.

정해진 방식을 견지하려는 경향은 성인을 위한 많은 교육 프로그램에서 자연스럽게 드러난다. 성인은 때로 새로운 사상과 도전적인 경험을 불안한 것으로 받아들인다. 새로운 경험과 생각은 현재 상태를 유지하려는 바람과 갈등을 일으킨다. 많은 성인학습자들은 이미 알고 있는 것을 심화하거나 변화보다는 현재의 위치를 강화하는 데 도움이 되고 최소한 자신의 기질에 맞는 교육 프로그램을 선호한다. 그러나 변화를 거부하려는 생각이 옳을 때도 있겠지만, 성인교육 프로그램은 기본적으로 사물의 본질에 부합해야 하며, 사물의 본질이란 바로 이러한 변화에 있다. 프로그램은 노화에 따르는 무기력과 성격적 결함을 막는 데 필수적인 행동과 새로운 사고의 탐구로 이끌어주는 방식으로 설계되어야 한다. 성인은 그가 살아 숨쉬는 한 학습하고 성장하며 변화할 수 있다. 이러한 요인들이 적절하게 고려될 때, 성인은 지속적으로 자신의 개성을 발달시켜 나갈 수 있고, 또한 자신의 행복과 사회적 질서에 꾸준히 기여할 수 있다.

성인학습자와 아동학습자는 시간에 대한 태도에 있어서도 서로 다르다. 아동은 시간이란 영속적인 것으로, 즉 끝나지 않는 무엇인가로 파악한다. 실제로 아동은 시간이 너무 늦게 흘러간다는 생각 외에는 시간에 관해 그다지 신경쓰지 않는다. 아동에게는 F.B.I 특수요원이나 우주 비행사가 될 때까지 기다리는 것이 힘든 일이다. 그러나 성인은 더 많은 시간을 원하거나 시간이 좀 더 천천히 가기를 바란다. 성인은 자신이 인생의 종착지로 다가서고 있다고 생각한다. 반면 정상적인 아동은 그런 것에는 전혀 관심이 없다.

성공적인 성인학습 프로그램은 성인의 시간관념에 대한 고려와 더불어, 성인은 다방면에 활용할 수 있는 교육내용을 원한다는 점을 고려해야 한다. 대부분의 성인은 인내가 필요하다는 것을 학습해왔다. 무엇인가를 성취하기 위해서는 기다려야 한다는 사실을 배워왔다. 성인의 관심범위는 보통 아동들의 그것을 뛰어 넘는다.

성인학습자는 종종 자신이 실제 알고 있는 것보다 더 많은 것을 알고 있다고 생각하고, 학습상황을 위협적으로 받아들인다. 성인은 교사나 지도자를 아동과는 다르게 바라본다. 성인은 아동－교사 관계에서 흔히 연상되는 존경이나 권위를 가지고 교사나 지도자를 바라보지 않는다.

경험 역시 아동학습자와 성인학습자를 구별짓는 요인이 된다. 보통 성인은 아동보다 더 살았기 때문에, 경험의 양이 더 많다. 성인은 서로 다른 경험을 해 왔고, 보통 자신의 경험을 아동과는 다르게 해석한다. 비록 이런 경험 중 상당수가 성인의 성숙에 기여하지 못 할지라도, 이러한 성인의 경험은 신중하고 조심스럽게 다루어져야 한다. 사실 어떤 경험은 인간의 행복과 문명화 과정에 기여할 수 있지만, 어떤 경험은 오히려 그 과정들을 파괴할 수도 있다.

경험은 전체적으로는 삶에, 부분적으로는 성인학습과정에 있어서 이로울 수도 있고 해로운 것일 수도 있다. 성인교육가는 결국 적절하게 성인의 경험을 교육 프로그램에 배치해야 한다. 학습집단에 개인적 경험이 반영되도록 해야 하고, 성인학습자에게 도움이 되지 않거나 학습을 더디게 하는 상황은 경계해야 한다.

성인과 아동을 구별 지어주는 이러한 사항들(예를 들면 성격, 경험, 정서적 연관 등)에서 성인교육 프로그램에 적절한 방향과 의미를 제시하는 데 도움을 줄 수 있는 다음과 같은 생각들을 도출할 수 있다.

1. 성인은 아동보다 좀 더 명확한 결심하에 학습 프로그램에 참여한다.
2. 성인의 성격은 좋은 쪽이든 나쁜 쪽이든 아동에 비해 고정되어 있다.
3. 성인은 아동보다 단어와 상황, 제도, 사람들에 대해 좀 더 많은 정서적 연관을 가지고 있다.
4. 다수의 성인이 권위를 불쾌하게 여기기 때문에 학습상황에 부정적인 느낌을 가지고 참여한다.
5. 성인은 아동에 비해 성격과 신념 등에서 보는 바와 같이 일정한 고정관념이라는 학습 장애요인을 더 많이 가지고 있다. 반면에 아동은 좀 더 형성적인(formative) 발달단계에 있다.

6. 성인은 아동보다 무능과 실패를 두려워한다.
7. 성인은 새로운 학습을 그가 성취하고자 시도해 온 균형과 통합에 대한 위협으로 볼 수도 있다.
8. 아동에 비해 대부분의 성인은 성인학습 프로그램이 현실 문제와 보다 더 직접적으로 관련이 있고 적용가능성이 있기를 원한다.
9. 15인으로 구성된 성인집단을 가정해보면, 유사한 크기의 아동집단보다 기술과 관심, 경험, 교육에 있어 더 큰 편차를 갖고 있다.
10. 성인의 태도는 변화시키기 어렵다. 적절한 학습이 제공되지 않는다면, 변화는 잊혀지거나 거부될 것이다.
11. 성인학습자는 현실 그대로가 아니라 자신의 인식에 따라 상황을 바라본다.

성인은 종종 아동과는 전혀 다른 이유들로 동기화된다. 각각의 성인이 학습에 참여하는 목적은 다르다. 많은 성인학습자들은 직업 기술과 사회적 지위를 가장 중요하게 생각한다. 순수한 지적 호기심에서 학습에 참여하는 성인이 없는 것은 아니지만, 이들이 성인교육 프로그램에 참여하고 있는 평균적인 사람은 아니다. 대부분의 성인학습자는 좀 더 실용적인 이유로 동기화된다.

3 기존 기관이 효과적인 채널이다

성인학습 프로그램을 운용하기 위한 최상의 장소는 어디인가? 그

대답은 우리 사회의 뼈대를 구성하는 모든 기관들이다. 공장, 교회, 도서관, 노동조합, 학교, 병원, 농민조합 등은 모두 성인교육을 해야 할 책임이 있다. 현존하는 모든 기관은 자기 기관과 관련된 특수한 요구를 충족시키고 나아가 성인이 다양한 기관들의 관계를 파악할 수 있도록 하는 프로그램을 수행할 책임이 있다.

2장의 "성인교육의 구성"이라는 부분에서 이 문제를 보다 상세히 다루고 있다.

4 성인교육 프로그램은 토착적이어야 한다

학습자와 그의 환경에서 기본적이라 할 정신적·사회적·신체적 요구의 진정한 본질을 이해하는 것은 일반적으로 성인교육가에게 중요한 과제라 할 것이다. 덴마크의 시인이자 성직자이며 찬송가 작사가이자 성인교육가인 그룬트비(N. F. S. Grundtvig)는 성인의 성장과 발달을 억제해 온 문제의 뿌리를 파악하는 비범한 능력을 가지고 있었다. 그는 19세기를 살아가던 덴마크 성인을 환경의 산물로 파악하였다. 그룬트비는 덴마크 농민이 그가 일하는 경작지, 그가 믿고 있는 종교, 그가 참여하고 있는 사회적 질서에 의해 형성된다고 생각했다. 그는 평범한 사람들 속에서 엄청난 잠재력을 발견했다. 이와 같은 그룬트비의 심오한 통찰력으로부터 평민대학(folk-high-school)이라는 아이디어가 도출되었는데, 평민대학은 모든 스칸디나비아 국가에서 성공적으로 실천되었다. 그룬트비는 성인교육은 무엇보다 타당한 이유를 가져야 한다고 보았다. 또한 당장의 열정과 관심 이상의 무엇인가에 기초를 두고 있어야 한다고 생각했다. 성인교육은 사람들이 살아가는 바로 그 토양의 일부여야 한다. 그것은 그들이 사용하는 언어, 그들이 숭배하는 신, 그들이 먹는 음식을 반영해야 한다. 사람들의 삶이라는 역동적인 흐름에 관한 이해는 성인의 학습 모험의 성공여부를 결정할 것이다.

그룬트비에 의하면, 인간은 세 가지 기본적인 요구, 즉 신에 대한 사랑(the love of God)과 사람에 대한 사랑(the love of man), 그리고 흙에 대한 사랑(the love of soil)을 추구하고 확인하는 학습을 통해 도움을 받아야 하는 존재이다. 이러한 요소들에 대한 강조는 덴마크 성인을 위한 교육에 생명과 의미를 부여하였고, 세계 곳곳의 성인교육에 깊은 영향을 끼쳤다.

그룬트비의 사상은 주로 덴마크와 인근 스칸디나비아 국가들의 성인교육에서 발전되었지만, 여타의 지역에서도 효과적인 결과를 나타냈다. 오늘날 일본에서는 그룬트비의 "세 가지 사랑(Three Loves)"이라는 사상에서 성인교육을 위한 효과적인 프로그램들을 만들어 냈다. 성인학습자의 요구가 그의 삶의 터전 속에서 충족되는 방법의 발견이란 보편적인 중요성을 갖는다. 핵심은 성인교육이 지속적으로 발전하기 위해서는 반드시 학습자가 살아가고 있는 삶의 조건에 굳건하게 기초하고 있어야 한다는 것이다. 성인이 어떻게 학습하고 사고를 조정하는지, 혹은 무엇이 성인을 단지 부분적으로만 이해하고 생각하도록 하는지 단순하게 이론적으로만 파악하는 것은 문명화 과정에 도움이 되지 못한다.

오늘날 미국에서는 그룬트비 시대의 덴마크에서 그랬듯이, 성인교육의 성공에 있어서 학습자의 생태학적인 측면을 알고 고려하는 것이 매우 중요하다고 생각한다.

성인교육 프로그램이 생산적이기 위해서는 반드시 참여자들의 삶에 관련된 고유한 문제들을 해결할 수 있도록 설계되어야 한다. 따라서 성인교육자는 성인교수법뿐만 아니라 토착적 프로그램 운영에 대해서도 훈련받아야 한다. 동일한 문제를 다루는 프로그램이라 할지라도 성인학습자에게 적합한 방법은 지역마다 다를 수 있다. 우리가 학습 프로그램의 토착화에 관심을 둘 때 답해야 할 몇 가지 질문들은 다음과 같다. 학습자가 선호하는 것은 무엇인가? 그 이유는 무엇인가? 그들의 특성과 조화를 이룰 수 있는 학습의 순서는 어떤 것인가? 이 프로그램이 이 사람들에게, 여기에서, 이 시기에 필요한 이유는 무엇인가?

성인교육 프로그램은 학습자가 지적으로 자리하고 있는 곳뿐만 아니라 환경적으로 자리하고 있는 곳에서 출발해야 한다. 모든 성인집단은 복잡한 수학적 혹은 철학적 문제의 논의 이전에 그들의 생태학적 특성에 따른 프로그램의 타당성을 요구한다. 태어나고 자란 지역도 고려할 필요가 있다. 농촌에서 성장한 사람은 도시에서만 산 사람과는 다르게 문제를 다룬다. 우리가 성장한 지역의 특색은 우리의 사고방식과 행동방식에 영향을 준다. 성인교육자가 이러한 지역적 상황을 잘 인식할수록, 성인교육 프로그램을 위한 성공적인 출발의 가능성도 커진다.

그러나 지역적 토착성을 고려한 프로그램이 학습자를 더욱 확장된 시각과 행동으로 이끌어주지 못하고 그 지역에만 매몰시킨다면 그것은 오히려 해가 될 수 있다. 성공적인 성인교육 프로그램은 현재의 학습자에서 시작해야 하지만 성인교육은 결국 학습자를 더 넓은 시각과 다른 사상, 더 폭넓은 개념으로 이동시켜야 한다. 성인교육 프로그램은 학습자가 스스로를, 그가 왜 현재의 자신의 모습처럼 존재하는지,

그리고 그가 다른 견해를 가지고 있는 사람들과 어떻게 관계를 맺을 수 있는지 깨닫도록 도울 수 있어야 한다.

잔잔한 연못에 돌멩이 하나를 던지면, 돌멩이가 만들어낸 조그만 파장으로부터 동심원이 퍼져 나간다. 효과적인 성인학습 프로그램은 이와 유사하다. 우리는 이미 알고 있고 편안함을 느끼는 지역적 특성 속에서 출발한다. 그런 다음 바깥쪽으로 이동한다. 성인교육과 친숙해지는 동안 서 있을 자리가 필요한 것이다. 하지만 거기에만 머물러 있을 수는 없다. 현재상태에만 집착하면 프로그램이 쇠퇴할 수도 있으며 너무 배타적이어서 해방적인 힘으로 작동할 수 없게 될 수도 있다.

사람들과 그들이 살아가고 있는 영역에 토착적인 도입 프로그램(beginning program)을 발전시키는 데 있어 유념해야 할 또 다른 함정은 지금 존재하고 있는 것이 옳고 당연한 것이라고 믿게 되는 위험이다. 이 문제는 앞서 논한 문제와 관계되어 있으면서도, 그 자체의 독특한 특성을 지니고 있다. 토착적인 생각은 성인학습에 있어 강력한 동기를 유발한다. 성인은 친숙한 환경 속의 친숙한 생각들에 더 잘 반응한다. 그러나 만약 학습의 유일한 목적이 이미 존재하고 있는 것을 영속화시키려는 것이라면, 학습은 기만적 행위에 불과하다. 전통은 사회구조에 있어 중요한 역할을 수행한다. 학습자 개인의 요구와 집단 공동의 요구에 맞추어진 생산적인 성인교육 프로그램은 활용가능한 새로운 사상과 새로운 행동방법을 보여줄 것이다. 현재 존재하는 것이 반드시 최상의 것은 아니다. 학습자들은 자신의 관점을 확장시켜 나감에 따라 그것을 신중하게 재고해야 한다. 물론 변화나 새 것이 언제나 좋은 것도 아니다. 진보는 하나의 현혹적인 용어일 수도 있다. 그것은 이따금 어떤 관점을 정당화하는 데 이용되기도 한다. 그것은 “모성(motherhood)”과 같이 “좋은(good)” 단어이기 때문에, 누구도 그것에 반대하려고 하지 않는다. 하지만 모든 변화가 곧 진보인 것은 아니다.

토착적인 성인교육 프로그램은 그것이 시작되는 곳에 머물고 있는 것이 아니다. 효과적인 토착적 프로그램은 학습자의 본성과 조화를 이루며 성인교육을 시작할 수 있는 방법을 모색하고, 다양한 교과와 내용을 통해 우리들 스스로와 다른 사람들을 바라볼 수 있도록 도와주면서 좀 더 넓은 세계로 나아간다. 실제로 토착적인 원리는 교육의 내용과 과정 모두에서 고려되어야 한다. 학습 프로그램의 내용이나 교과목은 학습자의 요구와 본성에 따라 결정된다. 그리고 학습방법, 즉 과정 역시 학습자 고유의 본성에 영향을 받는다. 토착적인 특질들은 어떻게 학습하고(과정) 무엇을 배우는가(내용) 모두에 적용될 수 있다.

5 기대는 조화를 꾀해야 한다

성인학습 프로그램에 참여하는 사람들은 그 프로그램에 무엇을 기대하는가? 그들은 학습 경험에서 무엇을 얻고자 하는가? 모임이나 수업, 토론 등에 참석하는 모든 사람은 어떤 이유를 가지고 있다. 외부의 권위적 명령 때문에 참석하는 사람이 있는가 하면, 자발적으로 나오는 사람도 있다. 각각의 경우에 있어, 성인학습자는 “그것으로부터 무엇인가를 얻어가길” 기대한다. 만약 그가 참석하기 전에는 뚜렷한 목적이 없었더라도 수업 중에 기대를 가질 수도 있다. 성인학습자의 기대가 옳든 그르든 간에 일반적으로 학습자는 프로그램에 대해, 그리고 특히 자신이 프로그램에 기대하는 바에 관해 어떤 생각을 가지고 있다. 만약 자발적인 근거에서 출석한다면 학습 경험에서 얻게 될

이점들에 대해 얼마간 긍정적인 시각을 가지고 있을 것이다. 학습자의 기대는 현실과 아주 동떨어진 것일 수도 있고, 또는 상당히 밀접한 것일 수도 있다. 어떤 경우든지 성인은 무엇인가를 기대하고, 그 기대는 프로그램에서 반드시 고려되어야 한다.

하지만, 성인학습자만이 기대를 가지고 있는 것은 아니다. 교육담당자와 교사도 무엇이 학습되어야 하고 왜 학습되어야 하는가에 관한 기대와 생각을 가지고 있다. 또한 교사나 교육담당자로 대표되는 기관들도 학습 기간 중에 수행되는 일에 대해 기대와 예상치를 가지고 있다. 이러한 상황의 복잡성에 덧붙여, 비록 다소 광범위하고 모호하지만, 사회도 성인교육에 광범위한 기대를 가지고 있다. 현실적으로 우리가 고려해야 할 네 집단이 있다. 학습자, 교육담당자 내지는 교사, 기관 그리고 하나의 전체로서의 사회가 그것이다. 우리가 성공적인 학습 프로그램을 수행하고자 한다면, 이 네 집단들의 교육목적이 일치되어야 한다.

예시: 다양한 훈련 프로그램을 운영하는 한 공장에서 관리자급 사원들에게 관리자 훈련 프로그램에 출석할 것을 요구한다. 최고 경영자는 관리자 행동혁신 프로그램을 고민해 왔다. 그는 이러한 생각을 관리자들에게 전달하고자 한다. 이 관리자 훈련 프로그램의 성공 여부는 회사 측이나 최고 경영자가 자신의 의견을 회사 교육담당자와 교사에게 잘 전달하는 것과 교육담당자와 교사들이 그 내용을 효과적으로 학습자에게 교수하는 데 달려있다. 그런데 회사 측이나 경영자가 그 관리자 프로그램에 대해 일정한 기대를 가지고 있는 것과 마찬가지로 해당 프로그램의 교육담당자와 관리자급 사원

> 들 역시 프로그램에 원하는 바가 있다. 따라서 프로그램이 성공하기 위해서는 관련된 사람들이 모두 계획과정에 참여해야 한다. 이처럼 교육 프로그램의 계획과정에 모든 당사자들이 참여하는 것은 좋은 출발에 반드시 필요한 다양한 교육요구의 조정에 기여할 수 있다.

성인학습 프로그램, 특히 비자발적인 프로그램에는 때때로 얼마간의 불평이 따른다. 학습자의 기대가 부분적으로만 충족될 경우에도 불만이 앞설 수 있다. 프로그램의 시작부터 학습자의 기대를 고려하는 것은 흔히 학습자가 프로그램에 가질 수 있는 모호한 요구들을 명료하게 하고 수정하게 한다. 경영자가 프로그램 담당자 및 학습자와 적절하게 의사소통한다면, 학습 프로그램의 세 참여자 간에 서로 다른 기대가 한 곳으로 모아질 수 있고, 이에 따라 그 프로그램은 좋은 시작을 할 수 있도록 충분히 조정될 수 있다.

이러한 프로그램에 있어서 사회는 부분적으로는 윤리(ethics)로 표현되는 폭넓은 기대를 가질 수 있다. 일반적으로 사회는 어떻게 사람들이 대우받고 특정 기업체가 사회에 봉사하는가에 관심을 갖는다. 기술적으로는 계획조정과정에 사회가 직접적으로 드러나지는 않을지 몰라도, 프로그램 설계자들은 사회가 그들에게 기대하는 바가 무엇인지를 알아야 할 필요가 있고, 이에 대해 적절한 조치를 취해야 할 필요가 있다.

교회 성인교육 프로그램의 경우를 생각해 보자. 교회에도 다른 기관들과 마찬가지로 교육요구를 둘러싼 의사소통과 편차의 문제가 존재한다. OO교회의 교육팀장은 성인교육 프로그램에 무척 많은 고민을 하고 있다. 그는 교회의 결혼 관련 프로그램의 내용으로 결혼계약의 당사자인 남녀신자가 하느님과 관계하는 방식에 대해 학습하도록 설계하고자 한다. 이러한 생각을 들은 OO교회 교육팀의 팀원들과 교사들은 이번 프로그램 신청자들에게 예상 교육내용을 설명했다. 팀원과 교사들 중에는 교육팀장과는 다른 교육내용과 방법을 생각하고 있는 사람들도 있었다. 그러나 정작 이번 프로그램에 참여할 학습자들은 남성과 여성의 관계라는 문제를 논의하고 싶어했다. 이처럼 학습자들의 서로 다른 기대가 일치될 때까지 이 프로그램은 진정으로 생산적인 것일 수 없었다.

교육요구의 조정은 학습자가 교수법 내지는 필수적 교수내용을 모두 조정해야 한다는 것을 의미하지는 않는다. 그러나 검토되어야 하는 프로그램에 관해 학습자가 얼마간 유용한 생각들을 가지고 있을 수 있다는 사실은 인정해야 한다. 기대를 조정하려는 시도를 통해 때때로 학습자의 기대가 이미 제기된 것 내지는 성취가능한 것과 너무 동떨어진다는 사실을 발견할 수도 있고, 근본적인 조정이 이루어질 필요가 있다는 사실을 드러낼 수도 있다. 이러한 정보는 학습자가 불만, 불평을 가지게 되기 이전에 드러나야 한다.

모든 관계자의 기대가 개진되어야 하고, 가능한 한 프로그램의 성공적 출발을 위해 다양한 기대가 조화롭게 조정되어야 한다.

6 배움의 자유가 중요하다

프로그램의 혜택만큼이나 성인학습 프로그램에 참여하는 사람에게 교육내용을 선정하고 지도자를 선출하며, 모임의 시간과 장소 및 기간을 결정하고 절차에 관여할 수 있는 기회가 자유롭게 제공되는 것이 바람직하다. 자유는 성인교육에서 매우 중요한 문제이다. 자유의 적절한 행사는 학습자가 무엇인가 가치가 있다고 느끼도록 만들어 줄 수 있다. 또한 그가 공헌할 수 있을 만큼 중요한 존재이고, 사람들이 그의 이야기를 경청하고 있다고 느끼도록 만든다. 학습자가 자신이 존중받고 있고, 학습에 있어 한 사람의 협력자로 여겨진다고 느낄 때, 자신의 생각을 더 많이 증진시키고 더욱 효과적으로 학습한다.

자유는 최적의 학습을 도모하는 데 있어 기본적인 조건이다. 그러나 자유의 오용과 오해는 그것이 향상시킬 수도 있었을 상황을 파괴할 수도 있다. 자유는 필수적이면서 가치있는 요소일 뿐만 아니라 학습 프로그램에 있어 잠재적인 위험요소이기도 하다. 소수의 사람에게만 자유가 한정될 때, 그것은 위험하고 파괴적일 수 있다. 예를 들면, 행정가와 지도자가 자기 마음대로 권위를 행사할 때, 집단 내의 다른 참여자들은 그저 이런 지도자들의 명령을 받아들이는 자유만이 있을 뿐이다. 또한 집단 참여자들이 하고자 하는 것은 무엇이든 자유롭게 할 수 있으면서도 그들 자신을 안내해 주는 필수적인 분별력과 경험은 가지고 있지 않을 때는 위험할 수 있다.

자유가 성인학습과정에서 효과적인 힘이 되려면, 반드시 규율(discipline)과 균형을 이루어야 하고 이해를 동반해야 한다. 자유와 규율 사이의 아름다운 균형이 이루어지지 않는다면, 독재정치나 무정부상태와 같은 상황을 맞이할 수도 있다. 자유와 집단 학습에서의 자유 행사에 대한 오해의 일례를 집단토론 모임의 사례에서 찾아볼 수 있다. 여러 해 전 성인교육의 문제점들을 해결하기 위해 집단토론(group discussion)이라는 교육방법이 사용되었다. 그것은 딱 들어맞는 해법이었다. 이 방법은 사실 이런저런 형태로 수백 년 동안 사용되어 왔지만, 성인교육의 문제에 대한 유일하고도 새로운 해답으로 받아들여졌다. 그러나 다수의 집단토론 지도자와 참여자들은 그들이 맡은 과제에 적합한 훈련을 받지 못하였다. 그 결과 집단토론에서 사람들이 자유롭게 이야기를 나눌 수 있도록 허용되는 것이 중심적인 개념인 것처럼 여겨졌다. 명확하게 설명되지는 않았지만 특정 절차에 의해 참여자의 요구에 따라 문제들이 해결될 것 같았다. 만약 참여자가 문제에 관해 스스로를 표현할 수 있는 기회를 가질 수만 있다면 말이다. 이런 생각이 문제의 핵심을 관통하고 있었을런지는 몰라도 그 목적은 말처럼 단순하게 성취되는 것이 아니었다. 적당한 훈련을 받지 못한 교사의 지도성으로 인해 집단의 가장 공격적 구성원들이 지도자의 통제권을 빼앗거나, 그 집단이 새롭게 내세운 지도성을 따르는 문제가 종종 발생했다. 여기에서 자유는 모든 집단 구성원이 그 자신과 동료학습자들 그리고 다루어지고 있는 교과내용을 이해할 수 있도록 도와주는 하나의 장치로서의 역할을 넘어서 지도성의 질을 검증하기 위해 사용되었다.

사회적 관계에 있어서 무언가가 얼마나 많아야 많은 것인가는 당혹스러운 문제이다. 역사적으로 대다수의 사람들은 정치적 · 종교적 지도자가 그들에게 제공한 것만을 믿는 자유만이 주어졌다. 일반적으로 권력층은 사람들을 신뢰하지 않았다. 권력층은 자유라는 말을 앞세웠지만, 실제 사회는 억압적인 경우가 많았다. 권력은 어떤 사람이나 기관에게 있어서도 다루기 어려운 것이다. 다른 사람들에 대한 권력을 가진 사람은 자유라는 단어와 사상을 떠벌리지만, 우리는 이 개념을 실제적으로 적용하는 것이 쉽지 않다는 사실을 발견하게 된다.

일반적으로 권위를 가진 사람들은 권력행사 방법을 잘 알고 있거나 권력행사에 관심이 많다. 또는 이 둘 모두인 경우도 있다. 권력자들은, 평범한 사람은 가지지 않을 수도 있는 책임감도 느낀다. 일반 노동자나 평신도, 노동조합원 등은 권위를 가진 사람만큼 많은 이해 관계를 가지고 있지 않기 때문에, 그들의 관심은 그다지 크지 않다. 따라서 권력자는 때때로 그가 달성하고자 하는 바를 얻어 내기 위해서 미묘한 심리학적 수단을 활용한다. 심리학은 인간 존재에 대한 교묘한 조종을 은폐하는 가면으로 사용되어져 왔다. 그러나 사람들과 위험한 게임을 벌이는 것보다는, 일반인들의 사회복지 유지에 대한 관심을 발전시키고, 그 책임을 맡을 수 있는 수준으로 학습하게 도와줌으로써 인간의 창조성과 재능을 발현시켜 주는 것이 훨씬 더 생산적이다.

따라서 당신이 원하는 것은 무엇이든 원하는 때에 할 수 있다는 허락으로 자유를 해석해서는 곤란하다. 또 자유가 소수의 사람들에게만 제한되어서도 안된다. 자유는 복잡미묘한 것이다. 모든 사람이 자유의 활용법을 학습해야 한다. 분별있게 선택하는 것, 즉 자유와 무정부 상태를 식별하는 것은 학습가능하다. 그러나 이러한 종류의 탐구를 하는 데 있어서 자유로워야 한다. 훌륭하게 수행된 성인학습 프로그램은 공동 목적의 추구를 향해 가장 창조적인 개인의 에너지를 발현시켜주는 동시에 참여자들이 서로를 이해하고 존중하도록 도와주면서 그들에게 활기를 불어 넣어주는 비타민으로서 자유를 적절히 활용한다.

인간은 선천적으로 호기심이 많다. 사물을 조사하고 싶어한다. 우리는 이러한 탐구심을 우리와 사회에 이롭게 사용하는 법을 배울 수 있다. 그러나 불필요한 사회적·개인적 제약으로부터 자유로워야 한다. 성공할 수 있는 자유가 있어야 하고, 또한 실패할 수 있는 자유도 있어야 한다. 자유가 우리에게 삶의 기쁨만을 주는 것은 아니다. 또한 자유로 인해 발생하게 될지도 모르는 성공과 실패에 대한 책임을 떠맡는 법도 배워야 한다. 그러나 자유의 적절한 행사에는 손해보다 이익이 더 많다. 자유의 교육적 이점들이 완전히 실현되기 위해서는 자유란 무엇이고, 어떻게 자유가 책임 및 규율과 조화를 이루어야 하는지 학습해야 한다.

제 7 장

성인교육 실천을 위한 개념 II

제 7 장

성인교육 실천을 위한 개념 Ⅱ

7 목적이 살아있다

성인교육의 개별 프로그램은 문서화된 형태로 명료하게 진술된, 실제적이면서도 전문적인 목표 내지는 목적을 가지고 있어야 한다. 그리고 이런 목표와 목적은 성인교육 프로그램에 참가하는 모든 사람들이 알고 있고 함께 논의한, 프로그램 취지에 대한 명확한 진술이어야 한다.

여기 제기된 성인교육철학의 전제는 성인학습자가 교육목표 설정에 이바지할 수 있어야 한다는 것이다. 이러한 생각은 우리가 교육목표 설정의 책임을 맡을 수 있고 또 맡아야 한다는 시각에 기초를 두고 있다. 모든 참여자를 아우르는 목적 설정은 사회적 책임을 공유하도록 가르치는 한 방법이다. 맡은 바 책임을 학습할수록 권리와 특권을 잘 해석할 수 있다. 이것은 우리가 권리 및 특권과 책임 간의 어려운 균형을 잘 깨달을 수 있도록 도와준다.

따라서 성인은 자신이 참여하고 있는 학습 프로그램의 목적과 교과 전문가 및 기타 다른 필수적 자원을 사용하는 방법에 관해 의견을 표명해야 한다. 학습자는 그들의 지향성과 그러한 목적에 도달할 수 있는 방법의 결정에 일정한 역할을 해야 한다.

사람은 자신이 참여하게 될 때 관심을 가지게 된다. 그리고 관심을 가지게 된 사람은 더욱 잘 학습한다. 그러므로 교육 프로그램의 시작부터 칠판이나 안내판을 이용해서 모든 참여자들에게 목적 진행상황을 파악할 수 있도록 해 주어야 한다. 이것은 적극적 참여를 향한 간단하면서도 극히 중요한 단계이다. 모든 사람이 목적 설정에 관해 이야기할 거리를 갖는 것이 프로그램 담당자나 교사 단독으로 목적을 수립할 때보다 훨씬 더 실제적이다. 실제적이라는 것은 학습자 개개인의 요구를 만족시키는 데 있어 현실적이라는 것이다. 어떤 사람이 특정한 방법으로 무엇을 했다는 사실이, 다른 사람도 동일한 것을 동일한 방법으로 할 수 있다든가 또는 해야 한다고 믿을 수 있는 이유가 되는 것은 아니다. 창조적이고 스스로 발견할 수 있으며, 자신의 이익과 사회의 이익을 위해 재능을 발현할 수 있도록 서로를 돕기 위해서는 교수-학습의 상호작용에서 참여와 자유가 보장되어야 한다. 창조성을 전혀 고무해주지 않는 환경에서 창조적이어야 한다는 말만 듣는 일이 너무나 흔하다.

목적은 달성될 수 있어야 한다. 목적은 요구되는 결과를 가능한 한 정확하게 진술해야 한다. 몇몇 참여자가 과도하게 열정적일 경우, 학습 프로그램의 초기 단계에서 성취가 불가능한, 지나치고 무리한 목적들이 제기되기도 한다. 학습 프로그램이 진행되어 나가면서, 열정은 시들어 갈 수도 있고, 처음에 설정된 목적을 성취하기 어려울 때도 있다. 학습자들이 이 사실을 인식할 때, 그들의 열정은 한층 더 감소할지도 모른다. 학습하고 있는 집단이 재량껏 사용할 수 있는 시간과 능력 및 기타 다른 자원들을 고려하여 가능한 목적이나 목표를 설정하는 것이 중요하다. 심지어 다양한 학습 집단이 동일한 주제나 문제를 공략하고 있을 때도, 서로 다른 학습 집단에 따라 학습 목적이 다를 수 있다는 사실을 인식하는 것 역시 중요하다.

상황파악의 정확성은 참여자의 능력과 학습 집단의 훈련받은 지도성의 질에 달려 있다. 참여자는 자신들의 시간과 재능의 관계에 대하여 상당히 정확하게 평가할 수 있도록, 그리고 가까이에 있는 문제의 본질에 대해 자원들을 이용할 수 있도록 학습할 수 있고, 합리적으로 실제적인 목적을 설정하는 방법을 배울 수 있다. 이러한 기술은 실천을 통해 향상되고, 목적은 점차 실제적이고 달성가능하게 된다. 위대한 단 한 번의 도약으로 세상의 모든 문제들을 정복하려고 시도하는 대신에, 다루어질 수 있는 작은 부분들을 하나씩 해결해 가는 것이 훨씬 더 성숙한 접근법이다. 그리고 그것이 달성된 후에, 목적은 다음의 실제적 단계를 완수하기 위해 변화되거나 조정된다.

성취감은 엄청난 촉진제이다. 참여자들은 원래 하고자 한 바를 성취했음을 깨달을 때, 지속적으로 해 보고자 하는 동기부여가 더 많이 이루어진다.

실제적인 목적이라면 학습 집단, 즉 학습 프로그램에 관계된 모든 사람들에 의해 설정되어야 한다는 사실에도 불구하고 목적 설정 과정에 어떠한 방향 제시나 도움도 필요하지 않다고 생각하는 것은 비현실적이다. 목적 설정은 그것을 훌륭히 해내기 위해서 훈련을 받아야 하는, 그 자체로 하나의 과제이다. 참여자들이 성인교육의 다른 측면에서의 책임을 공유할 수 있도록 훈련받아야 하는 것과 마찬가지로,

도달가능한 실제적 목적을 설정하는 것도 훈련받아야 한다. 학습 프로젝트의 참여방법에 대해 어떠한 강의나 훈련도 받아본 적이 없는 사람들이 그 프로그램을 맡아 성공할 수 있을 것이라고 가정하는 것은 어리석은 생각이다. 그러나 적절한 양의 적합한 훈련을 받는다면 가능하다. 그리고 그때 전통적인 교사－학생 관계와는 완전히 다른 종류의 학습 프로그램이 실현될 수 있다. 학습자는 교과내용과 더불어 타인과 관계맺는 방법과 타인을 돕는 방법뿐만 아니라, 학습 프로그램 진행에 자신의 책임 정도로 기여하는 방안을 학습할 수 있다. 또한 프로그램 설계와 진행에 참여하는 것은 학습자 자신의 성숙에 중대한 기여를 할 수 있게 된다.

모든 학습자가 참여하는 실제적인 목적 설정의 이점은 아주 다양하다.

a. 성취될 수 있는 명쾌하고 현실적인 목적은 그가 참여하고 있는 프로그램을 계속 수행해 나갈 수 있도록 동기화하고 다른 학습 프로그램에 참여하도록 고무시켜주는 데 있어 대단히 중요한 성취감을 학습자에게 제공한다.
b. 참여자는 자기 몫의 책임뿐만 아니라 학습의 다양한 측면에 참여한다. 그는 학습 프로그램의 과정을 계획하는 데 도움을 주면서, 책임 분담에 따른 책임을 당연히 받아들이는 것을 학습하는 것이다. 다른 사람들과 더불어 일하는 것을 배우면서 넓은 의미에서 능동적인 시민이 되는 법을 학습한다.
c. 참여자는 자신의 요구를 표현하는 방법과 동료 학습자의 요구를 지각하는 방법, 그리고 서로 다른 요구를 조정하는 목적을 수립하는 방법을 학습할 수 있다.

d. 서로 돕고 양보하는 학습과정 속에서 참여자는 공동과제를 함께 수행하고 서로 관계맺는 것을 배울 수 있다.
e. 관련이 있는 사람은 더 쉽게 동기화된다. 목적 설정에 참여한다면, 그는 프로그램 관련자라 할 수 있다.
f. 목적은 길잡이가 되는 지도 역할을 한다. 학습 집단으로서 지향점을 파악하고자 한다면, 현실적 목적을 설정해야 한다. 정확한 평가는 명확한 목적에 의존한다. 명확한 목적에 따라 프로그램의 진행에 따른 성취수준을 평가할 수 있어야 한다.
g. 목적이 현실적으로 수립된다면, 그리고 학습 집단의 모든 구성원에 의하여 설정된다면 필요 시 목적 조정에 곤란함이 덜할 것이다. 훌륭하게 짜여진 계획이라도 때때로 평가되고 수정되어야 할 필요가 있다. 참여자는 프로그램을 정해진 방식으로 진척시킬 수 있는 목적을 수립할 수 있어야 하지만 변화가 필요하다면 조정할 수 있을 만큼 충분히 유연해야 한다.

학습 프로그램의 시작단계에서 교사나 지도자, 또는 관리자에 의해 설정된 성취 불가능한 목적은 흔히 프로그램의 실패로 이어진다. 그들이 의도했던 바대로 굴러가지 않는다고 믿기 시작한 학습자는 교육목적 달성이 어렵다거나 자신의 요구가 무시되고 있다고 판단할 때 심하게 프로그램을 비판하거나 참가하지 않고, 혹은 해당 교육기관에 과도한 지원을 요구하거나 수동적으로 프로그램에 참여하게 된다.

학습자는 본래의 계획단계부터 참여하면서 프로그램에 변화가 일어나도록 스스로 도울 기회를 부여받는 경우, 더 겸손하게 변화를 수용한다. 목적이 교육담당자와 교사들에 의해서만 설정되면, 그 학습 프로그램을 확신하지 못했던 학습자들은 자신이 성취할 수 없다고 생각했던 것들을 지적하게 된다. 그에 따라 사기가 꺾이고, 본래 계획했던 학습을 가로막는 불필요한 장애물들이 도드라지게 된다.

평가는 학습 집단의 달성 정도를 드러내는 것을 목적으로 하는 과정이다. 평가는 학습 프로그램의 출발 단계에서 수립된 특정한 목적에 따라 이루어진다. 진술된 형식의 목적이라는 준거가 없다면, 평가는 불가능하다. 성인교육 프로그램을 평가하되 어느 지점에서 그것이 실패 내지는 성공했는지, 그리고 그 원인이 무엇인지 밝혀내는 것은 프로그램의 성공에 필수적인 과정이다. 평가의 과정은 성취도의 측정 수단인 동시에 학습 프로그램 참여자들에게는 민감한 학습경험이다. 그러므로 학습자는 목적 선정의 과정뿐만 아니라 평가의 과정에도 긴밀하게 관련되어야 한다.

8 어떻게 배우는가를 배우는 일은 도움이 된다

모든 성인학습자는 학습하는 방법을 훈련받아야 한다. 교육과정과 관련된 모든 사람들이 최상의 성인학습과정을 공유하고, 그 내용은 적절한 훈련 프로그램으로 개발되어야 한다.

교육 프로그램의 본질이나 범위에 상관없이, 성인학습자는 주도적으로 학습 경험에 참여하고 다른 학습자들과 더불어 그 학습 경험에 대해 책임을 공유하는 사람이 되어야 한다. 성인학습자에게 있어서 수동적인 학습참여는 바람직하지 않다. 성인학습자는 교육담당자의 요구조사, 프로그램의 실행 그리고 수행결과 평가에 도움을 주어야 한다.

성인교육 경험에 있어 교과의 내용이 중요하다고 할지라도, 교과가 경험의 전부는 아니다. 주로 교실에서 이루어지는 전통적 성인교육에서는 다양한 성인학습 경험의 잠재적 가치를 많은 부분 놓치고 있다. 성인을 위한 총체적인 학습활동은 성인의 지적·정신적·신체적·직업적·문화적 진보에 기여해야 한다. 성인학습 경험의 평가척도는 그 경험이 학습자가 자신의 최고성취수준(수월성, excellence)을 인식하고 성취하도록 촉진하여 그 학습자의 성숙에 기여하는 정도에 있다. 학습자가 특정한 원칙과 개념을 이해하고 수용하도록 하여 결국 어떤 사람이나 기관이 그 학습자를 더 잘 이용할 수 있도록 하는 것은 인간 존재의 존엄성을 침해하는 일이다. 이러한 성인교육 프로그램은 학습자를 해방시켜 주기보다는 낙담시키거나 오히려 지적인 노예상태로 만들고 혼란스럽게 할 것이다.

학습자가 참여하고 있는 모든 학습 경험에서 자신의 수월성을 추구해 나가도록 도와주기 위해서는, 학습을 창조적이고 학습자의 능력을 증진시키는 경험으로 만들어 줄 수 있는 모든 시설과 자원이 활용되어야 한다. 물론 학습자 자신도 훌륭한 자원이다.

모든 학습자(이 용어는 모든 참여자들을 포괄한다)는 학습과정에 있어 자신의 책임을 수행하는 방법에 대하여 훈련을 받을 필요가 있다. 학습내용에 의미를 부여하고 해석하는 방법과 학습하는 방법, 그리고 학습 집단의 능동적인 구성원으로서 책임을 받아들이는 방법에 관한 적절한 훈련은, 그것이 타당한 관련 교과목과 통합될 때 학습 프로그램을 완벽하게 만든다. 우리는 자신의 잠재력을 발견하고 활용하는 방법을 학습할 수 있도록 도움받아야 한다. 그것이 성인에게 좋다거나 아니면 다른 누군가에게 좋은 것이라는 이유로 학습을 강요하는 것은 그 사람으로 하여금 창조적 본질을 표현할 수 있는 기회를 박탈하는 것이다. 이러한 침해는 비극적인 사회적·경제적 손실이다. 학습계획에 참가하고 재능을 발휘하며 생산적으로 참여하도록 하는 훈련은 우리가 학습에 있어 정적인 역할이 아닌 역동적인 역할을 하도록 한다. 이와 같은 훈련은 시민으로서 갖는 책임의식을 촉진시킬 수 있다.

성인교육가의 첫 번째 관심사는 학습자와 함께 하는 것이다. 학습을 위한 교과내용, 보조자료, 자원은 학습자의 요구를 충족시켜주는 학습 프로그램에 알맞게 조정될 수 있다. 여기에서 성인교육의 철학은 책과 교과, 자원, 건물, 설계자, 관리자, 교사, 그리고 방대한 교육기자재(machinery)보다는 학습자와 그의 요구를 우선시해야 한다.

9 필요성이 반드시 고려되어야 한다

성인교육을 위한 효과적인 프로그램은 성인학습자의 요구와 흥미를 고려해야 한다. 또한 학습자의 사회적 상황에서의 요구뿐만 아니라 실제적 요구도 충족시키려고 해야 한다.

성인교육 담당자가 자신이 생각하기에, 성인학습자가 하기 원하는 것 내지는 성인학습자에게 필요한 것을 가르치고자 열성인 경우가 흔하다. 이러한 경우, 학습자 자신의 요구와 그가 그 상황에 어떻게 어울리는가, 그리고 학습자가 더 능력있고 완벽한 사람이 될 수 있도록 도와주기 위하여 어떠한 학습이 필요한가 등은 종종 무시된다.

다음은 학습자의 교육적 요구가 고려되지 않는다는 증거이다.

a. 교육프로그램을 실시하는 조직의 직무수행목표를 우선시한 나머지 개개인의 요구를 무시한다.
b. 교육 프로그램 책임자가 학습자의 요구가 무엇인지 혹은 요구를 파악할 수 있는 방법이 무엇인지 알지 못한다.
c. 교육 프로그램에 책임이 있는 사람이 학습자의 개인적 요구와 집단적 요구 사이의 관계를 제대로 파악하지 못한다. 결론적으로 이러한 요인들 사이에 균형을 이루지 못한다.
d. 프로그램이 양적인 측면에서 측정된다. 출석하는 사람의 수가 많을수록, 더 성공적인 프로그램으로 평가된다.
e. 개개인이 집단보다 덜 중요하다고 생각된다.
f. 성인을 위한 학습 프로그램이 소수의 영향력 있는 사람의 승인을 얻어야 수립된다.

우리는 무엇인가가 가치 있다고 느낄 때, 자신이 실제로 필요한 사람이라고 생각될 때, 그리고 누군가 우리를 신뢰하고 훌륭하다고 생각해 줄 때, 어떤 일을 더 잘 해낼 수 있다는 사실을 알고 있다. 조직에 대한 불만은 대부분 사람들이 무시되거나 경시된다고 느끼기 때문이다.

현재의 사회적 상황은 바쁜 사람을 우수한 사람이라 여기는 경향이 있다. 직업 속에 완전히 파묻혀 지내는 사람이 우수하다고 평가받는다. 경우에 따라 그것은 한 사람의 총체적인 삶, 즉 직업적 · 정신적 · 오락적 · 문화적 생활을 고려해야 한다는 삶의 윤리에 대한 침해라고 할 수 있다.

직업활동과 효율성, 그리고 컴퓨터가 점점 더 많이 강조되면서, 하나하나의 인간 존재는 무시되는 것 같다. 기업에서 관리자는 그들이 감독하는 사람들의 생각과 요구를 알아보기 위해 입수한 서류와 보고서, 기록카드 등으로 너무나 바쁘다. 이들은 수많은 서류와 기록더미를 정리하느라 자기를 돌아보지 못할 정도이다. 그러나 우리가 심하게 또는 장기적으로 방해받을 경우, 그 방해의 이유가 무엇이든 간에 인간의 잠재력을 제대로 활용하지 못하게 된다.

모든 사람은 자신이 중요하다고 느끼는 것을 좋아하기 때문에, 사람들을 그저 그렇게 생각한다거나 그들에게 그들이 필요하다는 인식을 심어주지 않는 것은 결국 좋지 못한 결과를 초래한다. 사람들은 자신이 반드시 필요한 사람이라는 느낌을 갖지 못하면, 자신의 요구를 충족시키거나 "어엿하게 인정받을 수 있는" 다른 방법을 모색한다. 사람은 합리적 방법 내지는 비합리적 방법으로 인정받기 위해 노력하기 마련이다.

때로는 어떤 사람이 화를 내는 진짜 이유가 드러나지 않는데, 이는 그 원인이 너무 하찮고 대외적으로는 중요하지 않아서 사람들이 그 이유를 드러내는 것을 창피하게 여기기 때문이다. 대신 실제적인 문제를 은폐하기 위해서 좀 더 용인될 수 있는 문제에 관해 이야기한다. 그래서 실제적 요구인 것으로 착각된 징후만 고려되고, 그 결과 실제적인 문제들은 해결하지 못하게 된다.

노사 중 한 측의 개인적 느낌과 명예가 손상될 때, 틀림없이 노사관계가 불안하게 된다. 돈은 단지 하나의 요인에 불과하다. 사람들의 서로에 대한 느낌이 돈과 다른 모든 불평거리들의 처리방식을 결정한다. 양측 모두가 회의석상에서 외적으로 드러난 미소와 농담을 실제의 생각과 요구에 대한 표면적인 기만으로 인식할 때, 문제는 훨씬 복잡해지고 미해결의 상태로 남게 된다.

개인의 요구를 확인하거나 다루는 데 있어서 실패하는 것은 노사관계만이 아니다. 단지 이 예는 너무나 흔한 경우라 사용되었다. 요구가 무시되는 것은 문제해결의 실패와 또 다른 문제발생의 근본적 원인이다.

다른 사람의 요구에 대해 무관심하다든가 그것을 이해하지 못한다는 것은 서로에 대한 참된 관심이 부족하기 때문이다. 자기 보존과 자신의 즐거움에 대한 관심에 많은 시간을 소모하고, 결과적으로 다른 이들의 요구를 다루려는 시도는 간과한다. 이는 우리가 너무 자기중심적이기 때문이다.

참여자들이 자신의 모든 요구를 파악하도록 도와주는 방법을 훈련받은 교육담당자야말로 성인교육에서 발생하는 문제들의 원인을 성공적으로 밝히고 해결할 수 있다. 성인교육에서 일어나는 문제들은 요구에 대한 정확한 진단이 필수적이다. 나아가 이와 관련된 정보를 통합하여 성인 훈련 프로그램의 수립에 활용하는 방법을 알아야 한다. 징후적 요구, 지각된 요구, 그리고 실제적 요구라는 세 가지 유형의 요구를 구별해 보는 것이 도움이 된다.

(a) 징후적 교육요구(A Symptomatic Educational Needs)

징후적 교육요구는 비록 그것이 다른 무엇인가의 조짐임을 의식하지는 못할지라도, 실제적이라거나 참된 것이라고 생각하는 요구의 징조이다.

징후적 요구는 즉각적으로 확인할 수 있는 것이 아닐 수도 있다. 성인교육 진단가(adult education diagnostician)는 교육 프로그램을 자세히 관찰한다. 문제의 징후는 곧 요구의 징후이기도 한다. 문제와 요구는 동전의 서로 다른 양면이다.

성인교육 담당자가 징후적 요구를 실제적 요구로 착각하는 경우는 흔하다. 예를 들어, OO교회의 교육팀장은 주일학교를 이끌 평신도

지도자나 교사의 수가 충분하지 못하다고 생각했다. 그는 몇 명의 적합한 후보자들을 요청했지만, 그가 요구하는 것을 충족시키기에 적합한 사람을 확보할 수 없었다. 있다고 해도, 자원한 사람들은 성인교육과정에 대해 거의 훈련을 받아본 적이 없었다. 학교 선생님이거나 직업상 주도적으로 사람들앞에서 이야기를 이끄는 사람들이었다. 그리고 이들은 일반적으로 말을 많이 한다.

그런데 이 프로그램의 설계과정에서 지도자-참여자의 마음이 결코 개방되지 않았다. 학습자 스스로가 개방하지 않았던 것이다. 요구조사에서 학습자 대부분은 스스로가 "훌륭한 이야기꾼"이 못된다고 말하였다. 그러나 이 "결함"은 성인교육에 있어 두드러진 장점일 수도 있었다.

주일학교에서 실제로 필요한 것은 모든 참여자들(지도자, 학생, 자료제공자)을 위한 참여훈련(participation-training)이었다. 참여훈련 프로그램으로부터 효과적인 지도자-참여자 관계가 도출되었고, 집단 내의 또다른 훈련된 참여자의 도움을 통해 결과적으로 생산적인 학습 프로그램을 얻을 수 있었다.

문제를 밝혀 나가면서 OO교회의 교육팀장은 주일학교 교사 확보에 열중하여 그가 충족시킬 수 없었던 요구를 찾아냈다. 그리고 학습자의 요구에 부합하는 모든 사람들을 위한 참여훈련 프로그램은 많은 지도자를 필요로 하지 않았다. 훈련된 학습자들이 필요할 뿐이었다. 그리고 참여훈련 프로그램에서 요구된 지도성은 웅변가와 같은 지도자 유형과는 다른 형태의 것이었다. 따라서 새로운 지도자-참여자 관계가 학습 집단에 출현하였다. 실제적 요구가 충족되자, 징후적 요구는 사라졌다.

징후를 올바르게 해석하고, 그 징후를 통하여 실제적 요구를 올바르게 확인하는 데 있어 중요한 판단기준은 실제적 요구로 판단된 요구가 충족되었을 때 그 징후들이 사라지는가의 여부이다.

(b) 지각된 교육요구(A Felt Educational Need)

지각된 요구는 관계자가 필수적이라고 생각하는 것이다. 이러한 요구는 성인의 교육적 발전에 실제로 필수적일 수도 있고 그렇지 않을 수도 있다. 이것은 실제적 요구의 징후일 수도 있고 또는 정말 실제적 요구일 수도 있다. 때로 지각된 요구 역시 관심이라는 형태로 표현되기도 한다.

제2차 세계대전 기간 동안, 읽지도 못하고 쓰지도 못하는 사람들이 전쟁물자 지원을 위해 공장에 고용되었다. 노동력이 부족하였기 때문이다. 전쟁이 끝나자 노동력에 여유가 생겼고 문맹자들은 직장을 유지하기 위해서는 반드시 읽고 쓰는 것을 배워야 한다는 사실을 알게 되었다. 이것은 사실 실제적인 요구인 지각된 요구의 일례이다.

어떤 사람이 사회적으로 인기를 얻는 것이 자신에게 직업적으로 커다란 이익일 것이고 승진으로 이끌어 줄 것이라고 믿는다고 가정해 보자. 그는 무용 강좌를 이수하고 "적당한" 사람들과 즐기기 위해 골프를 배울 것이다. 그러나 뒤늦게, 승진을 위해서는 인간관계와 제조공정에 관해 더 많이 학습해야 할 필요가 있음을 발견하게 된다. 이것은 실제적 요구는 아닌 지각된 요구의 사례를 보여준다.

(c) 실제적 교육요구(A Real Educational Need)

실제적 교육요구는 학습자가 실제로 부족함을 느끼면서 학습 경험을 통해 습득할 수 있는 필수적인 그 무엇인가를 드러내야 한다.

만약 목공을 성공적으로 학습하고자 계획했다면, 학습자는 분명히 수학에 대한 실질적 지식을 가지고 있어야 한다. 현실적이긴 하지만 덜 두드러진 교육요구의 일례는 만약 생산적인 삶을 즐기고자 한다면, 자기자신과 다른 사람들이 관계맺는 방법을 어떻게 해서든 배워야 한다는 것이다. 두 가지 예 모두에 있어서 요구는 실제적으로 존재한다. 그것은 현실적인 것이며, 만약 대략적인 성공이라도 거두려면 반드시 충족되어야 한다.

실제적 요구는 변화한다. 환경과 가치에 대한 우리의 기준은 실제적 요구를 해석하는 데 도움을 준다. 간단히 말하자면, 우리는 삶에 있어 중대한 지시적 영향력을 행사하는 사상과 신념을 습득한다. 사실 성공적인 사회적·개별적 존재로 성장하고자 한다면, 사회질서가 설정한 기준을 어느 정도 따라야 한다. 우리가 밝힐 수 있는 많은 실제적 요구들은 우리가 학습해온 가치들로부터 발생한다. 만약 이런 가치가 변화한다면, 실제적 교육요구 중 일부 역시 그렇게 변화할 것이다. 이러한 요구는 일정한 사회적 견해나 가치에 대한 기준, 또는 수립된 정책이라는 측면에서 실제적이다.

성인교육 담당자는 언제나 성인의 교육요구를 충족시켜야 한다는 어려운 과업을 안고 있다. 그는 개인의 창조성과 독창성을 무의미하게 만들지 않으면서 개개인의 요구와 사회적 요구를 조정하려고 노력해야 한다. 이것은 모든 집단적 관계성 속에서 우리가 직면하는 중요한 문제이다. 개개인의 특성은 반드시 유지되어야만 하고, 전체 사회를 위해 그가 기여할 수 있는 남다른 특성을 활용해야 한다. 하지만 때로 사회의 한 구성원으로서의 그만의 독특성(uniqueness)은 한계를 벗어나기도 한다. 사회가 그 기여를 받아들일 준비가 되어 있지 못하다든가 아니면 독특함 그 자체가 철저하게 반사회적 행위로 표출될 수도 있다. 이런 경우에 있어서, 개개인은 스스로 포기하든가 아니면 사회적으로 제약을 받는다. 때로는 새롭거나 색다른 생각을 받아들이는 것에 대한 사회의 거부가 어떠한 개인의 독특한 생각이 공동체를 파괴하거나 상처를 입히는 행위를 할 수도 있다는 견해에 의해 정당화되기도 한다. 전체의 보존을 위하여 부분은 제약을 받는다. 어떤 시대에는 사회나 공동체가 일시적으로 그 구성원의 견해 중 어떤 것을 받아들이지 않는데, 이는 진실 내지는 실용적 측면에서 볼 때 새로운 사상이 전통적 패턴이나 이미 수립된 패턴에 새로운 사상이 어울리지 않기 때문이다. 그러나 이것은 일시적일 수도 있는데 왜냐하면 "진리"라는 것은 그것이 정말 진실이라면, 충분한 수의 사람들이 사회질서에 특정변화를 통합시킴으로써 결국 이해되기 마련인 것이기 때문이다.

만약 성인교육가가 인간의 성숙 과정을 증진시키는 데 관심이 있다면, 그의 주요 과업 중 하나는 이 어려운 문제를 심도있게 다루는 것이다. 즉, 어떻게 학습 프로그램들을 배치해서 새로운 방법과 새로운 사상을 자유롭게 탐구할 수 있는 개인적 기회를 제공하고, 나아가 오랜 전통 속에서 충분히 기능하고 있는 것을 학습자에게 제공하여 그것의 가치를 식별해 낼 것인가를 숙고해야 한다.

수많은 요구와 흥미는 우리가 가진 가치와 관계가 있다. 전통은 가치를 확립하는 데 있어 중요한 역할을 수행한다. 어떤 가치는 사물의 본질을 유지하고 어떤 것은 발전을 저해하는 경향이 있다. 무엇인가가 오랫동안 존속해 왔다는 사실이 곧 그것이 좋은 것이라고 하는 절대적인 지표가 되지는 못한다. 또한 새로운 무엇인가가 단순히 새롭다는 이유로 우리의 문제를 해결해 줄 것이라고 말할 수도 없다. 성인교육은 근거에 대한 가치부여, 새로운 사상에 대한 연구, 좀 더 신중한 가치 판단의 실천 등을 고무시켜줄 수 있다. 중요한 목표는 우리가 폭넓고 발전적인 의미에서 사물의 본질을 조율하고 있는가의 여부를 학습하는 것이다.

얼마나 많은 것이 지나친 것인지는 언제나 복잡한 문제였다. 그것은 언제나 정확하게 해결될 수는 없지만, 누군가는 그것을 보다 더 잘 해결하기도 한다. 우리는 우리의 요구를 파악하는 방법을 학습할 수 있고, 우리 자신의 요구를 사회질서의 요구와 조화시키는 방법 및 신중한 판단을 내릴 수 있는 능력을 증진시키는 방법을 학습할 수 있다.

성인교육가는 우리의 기본적 요구를 확인하고 이해해야 하며, 그것을 성인 각자의 교육적 노력 속에서 고려해야 한다. 교육기획에 있어 성공한다는 만족감 내지는 성취감이라는 측면에서 이러한 근본적인 요구는 필수적이라 할 것이다. 나아가 사랑하고 사랑받고자 하는 요구, 그리고 다른 사람들과 만족스러운 사회적 관계를 수립하고 유지하고자 하는 요구는 지속적인 성장에 매우 중대한 것으로 인식되어야 한다. 이러한 인간본성의 요구는 그것이 무엇이든 간에 성공적인 성인교육 프로그램에서는 반드시 고려되어야 한다. 성인학습자는 교회에 있을 때와 직업기술을 연마하고 있을 때 서로 다른 사람이 되는 것이 아니다. 겉으로는 다르게 행동할 수도 있지만, 본질적으로 동일한 요구를 가진 동일한 존재인 것이다.

10 문제 중심의 배움이 기본이다

성인은 자신이 관계된 문제와 상황을 다룰 때, 그리고 그 속에서 관련 요구를 분명히 파악할 수 있을 때, 더 많이 학습하고 학습에 더욱 커다란 흥미를 나타낸다. 문제 중심16적 내지는 상황 중심적(situation-centered) 성인학습 접근법은 교과 중심적(subject-centered) 접근법과 확연히 다르다. 문제 중심적 접근에서 성인학습자는 무엇인가를 학습하고자 하는 요구를 알고 있다고 생각된다. 그것은 읽는 법을 더욱 잘 배워서 더 나은 직장을 구하는 것일 수도 있고, 아름다운 꽃을 길러내는 법을 배워 친구들의 박수갈채를 받고 창조적인 무엇인가를 하는 즐거움을 얻는 것일 수도 있다. 잠재적 성인학습자는 수업(instruction)의 형태로 그가 도움을 필요로 하는 것에 관한 실제적 내지는 상상적 문제나 상황에 마주하게 된다. 성인학습 프로그램은 이처럼 가능한 한 다양한 문제나 상황을 바탕으로 개발되어야 한다.

다른 방법은 교과 중심적 접근법이다. 종종 소모적인 이 절차는 특정 교과목이 성인학습자에게 좋을 수도 있다고 보고, 또한 성인은 교과목을 통해 그가 알아야 할 필요가 있는 것을 뽑아낼 수 있다고 가정한다. 그러나 특정 과정에서 제공되는 전체 정보로부터 유용한 것을 선별할 수 없는 경우도 있다. 또한 이러한 과정이 개별 학생에게 큰 도움이 되지 않는 경우도 있다. 즉, 성인은 개인적 처치에 가장 잘

---

16 이 책에서 문제 중심과 교과 중심은 대조되는 의미로 쓰인다. 전자는 경험에서 출발해 지식으로의 방향을, 후자는 지식(표상)에서 출발해 경험으로의 방향을 취한다. 문제 중심 교과과정은 오늘날 교육개혁의 화두이기도 하다. 『학교혁명』(*Creative Schools, 2015*)의 저자들인 로빈슨과 애로니카에 따르면 지난날 교육의 목적이 산업생산물과 같은 인간을 만드는 데에 있었으며, 모든 학생을 학자로 만드는 '학문 중심'적 사고가 이를 가능하게 해 주었다고 말한다. 이는 국·영·수 중심의 교과로 표현된다는 의미에서 교과 중심이라고 부른다. 이에 비해 앞으로의 교육개혁은 공감하고 협동하는 인재, 곧 공동의 삶의 '문제'가 발생했을 때 이를 지혜롭게 해결하는 역량을 길러주는 데 초점이 맞추어져야 한다. 교과 중심을 버리고 문제 중심으로 교육과정의 큰 방향을 바꾸어야 한다는 것이다. 저자는 이런 현대적 문제의식을 선취하고 있다. -역자주.

반응하는 데 반해, 몇몇 교육자와 프로그램은 개인의 요구에 부합되지 못하고 있다.

성인을 위한 학습 프로그램은 반드시 학습자에게, 또 그들이 해결할 필요가 있는 문제에, 그것을 직면하게 되는 상황에 적합해야 한다. 성인교육은 학습자의 요구에서 출발해야 한다. 학습자의 지평이 확장됨에 따라, 학습 프로그램은 그들에게 적합해 질 수 있다. 일반적으로 성인학습자는 추상적 영역보다는 현실적인 영역에서 반응하고, 문제 중심적 내지는 상황 중심적 프로그램은 성인에게 현실적이라 할 수 있다.

11 자원이 적절해야 한다

여기에서 "학습자원(resources)"이라는 용어는 책과 차트, 그래프, 필름, 지도, 신문, 잡지 등과 같이 성인학습자가 학습 경험을 보완하는 정보를 얻을 수 있는 보조자료를 의미한다. 또한 건물과 교실, 책상과 같은 물적 설비도 포함한다. 여기에 덧붙여, 일정 영역의 지식에 정통하고 유용한 정보를 제공해 줄 수 있는 인적 자원도 존재한다. 적절한 시간에 학습 집단 내의 다른 참가자와 지식을 공유하기 위해서 이러한 사람들에게 도움을 청할 수도 있다.

인적 자원과 물적 자원은 일반적으로 모든 종류의 성인학습 프로그램에 도움이 된다. 자원의 적절한 선택과 활용은 학습 프로그램에 열성적인 부지런한 성인교육자와 참여자에게 흥미롭고 보람있는 활동이 될 수 있다. 대부분의 성인은 자발적으로 교육 프로그램에 출석하기 때문에, 스스로 만족하지 못하는 성인학습자는 언제든 그만둘 수 있다. 하지만 자원의 능숙한 활용은 흥미를 생산적인 수준으로 유지해 줄 수 있다.

교재가 매력적이지 못하고 활자가 작다면, 일반적인 성인학습자는 중도탈락할 수 있다. 많은 책들이 성인 독자에게 적합하게 출판되지 않는다는 것은 분명하다. 나이 든 독자들은 활자가 크고 명확한 것을 선호한다. 때로는 종이의 색깔이나 끝손질이 독자를 피곤하게 만들기도 한다. 성인을 학습 프로그램으로 끌어오고 유지하는 것이 쉽지 않기 때문에, 성인의 심리적·생리적 문제에 적합한 보조자료를 선택하는 주의가 기울여져야 한다.

성인은 학교에서 학습자로서 겪었던 경험이 있다. 우리는 모두 학교에 다닌 적이 있고, 그에 따라 모든 학습을 어릴 적 학습 경험과 연관시키는 경향이 있다. 학교에 다닌다고 하면, 흔히 아이들과 책상, 선생님, 그리고 아동과 청소년을 위한 교육 기자재를 생각한다. 대부분의 사려 깊은 사람들은 성인이 아이와 청소년일 때 받은 교육만으로 살아갈 수 없다는 것을 인정한다. 그럼에도 불구하고 학교는 여전히 아동과 동의어이다. 이러한 생각은 성인 대부분의 마음속에 깊숙이 자리잡고 있다. 성인은 자기 입으로 학교에 다닌다고 말하는 것을 어색해하는 경우가 많다. 대부분의 학교와 대학은 1억 2천5백만의 미국 성인을 교육시키는 문제에 상대적으로 거의 주의를 기울이지 않았다. 이것은 점차 변화되기 시작하고 있지만, 매우 느리게 변화하고 있다.

성인은 때때로 간신히 들어가 앉고 빠져나올 수 있는, 너무 작은 책걸상을 배정받기도 한다. 학교와는 다른 기관일지라도 프로그램 관리자가 기억하는 어릴 적 교실을 본떠서 성인의 회의실을 만드는 경우도 있다. 오늘날 이러한 상황은 변화하고 있으며 성인을 가르치는 데 더욱 적합한 물적 자원들이 사용되고 있다. 열을 지어 놓여졌던 책상과 팔걸이 의자들은 테이블로 바뀌어, 사람들은 서로서로 얼굴을 마주하고 바라볼 수 있다. 많은 성인이 어린 시절처럼 잘 보고 듣지 못하기 때문에 학습자원은 이러한 문제를 상쇄하도록 선택되어야 한다.

인적 자원 역시 그 집단과 주제에 적절한 경험을 제공할 수 있도록 선택되어야 한다. 인적 자원은 그들이 수행할 과업과 학습 집단의 특성을 사전에 파악해야 한다. 지루하게 이야기하는 것을 삼가야 하고, 가능하다면 과시하는 것도 자제해야 한다.

성인학습자는 학습자로서의 자신의 역할에 대해 민감한 경우가 많다. 그들은 아이처럼 취급되기를 원치 않거나 아동기 학습을 떠오르게 하는 자원을 사용하고 싶어하지 않는다. 때때로 사물에 관해 아동보다 더 많이 알지 못하고, 때론 성인이 아동과 동일한 성숙 수준에서 행동한다는 것은 사실이다. 하지만 성인이 스스로에 대해 가지고 있는 이미지는 우리가 성숙했고 아동보다 우월하다는 것이다. 만약 이 상황을 인식하지 못한다면, 성인학습자를 소외시킬 수 있고, 성인학습자가 성숙화 과정의 한 단계로서 자기 자신에 관해 더 많이 배울 수 있도록 도울 기회를 상실할 수도 있다.

성인학습 프로그램의 적절한 설계를 위해 학습 자원에 대하여 다음과 같은 심도있는 질문을 던져야 한다. 인적 자원과 물적 자원 모두 성인학습자의 요구와 현재 다루고 있는 특정 주제에 알맞게 사용되고 있는가?

12 프로그램의 순환이 협력적이어야 한다

프로그램 설계과정에는 성인교육 프로그램의 계획(planning), 조직(organizing), 수행(conducting), 평가(evaluating)가 포함된다. 학습 집단 내의 각 참여자는 이러한 각 단계에서에서 그가 할 수 있는 한 도움을 주어야 한다. 만약 그 교육 프로그램이 가능한 학습 잠재력 모두를 충분히 활용하고자 한다면, 프로그램 설계과정은 교과 내용 그 자체만큼이나 중요한 것이다. 프로그램 설계 시 몇몇 단계에서의 참여는 그 자체가 가치 있는 학습 경험이다.

종종 프로그램 설계과정에서 참가자에게 일정한 몫을 나눠 주는 것이 무시되거나 불필요한 것으로 치부되기도 한다. 이는 많은 성인교육 프로그램들이 프로그램을 계획하고 목적을 설정하며 그들 스스로를 평가하고자 하는 소수의 사람들에 의해 통제받기 때문이다. 이러한 운용 방법은 관리자 내지는 핵심 입안자들이 무엇이 성인학습자에게 좋은지를 알고 있는 것은 물론, 그 프로그램의 각 단계에서 학습자가 습득해야 할 것들을 실제로 습득했는지를 파악할 수 있다고 가정한다. 그러나 학습자들이 프로그램의 어떤 측면에서든 제외된다면, 관리자는 그 프로그램 고유의 가능성 모두를 활용하지 못하고 있는 것이다. 다루어지고 있는 교과 외에도 수많은 중요한 것들이 학습될 수 있다. 역동적인 프로그램은 하나의 교과를 학습내용으로서뿐만 아니라, 참여자들이 서로서로를 알아가고, 요구를 결정하며 목적을 설정·평가하고 이런 전체 과정에 대한 어느 정도의 책임을 분담하는 방법을 배우도록 도와주는 하나의 매개체로 활용하기도 한다.

학습자가 프로그램 편성의 진행과정에 능동적으로 참여해야 하는

중요한 이유가 몇 가지 있다. 그 중 세 가지는 다음과 같다:

a. 만약 어떤 상황에 대한 능동적인 관심을 발전시키고 유지시켜야 한다면, 학습자는 그 상황의 일부가 되어야 할 필요가 있다.
b. 계획, 조직, 운영, 평가 등은 시간과 노력을 요구하는 절차들로 조직된다. 그리고 그것은 참여자가 규율과 책임에 대한 그 무엇인가를 부담이 아닌 감동으로 배울 수 있는 기회를 제공할 수 있다.
c. 학습 집단의 구성원들 사이에서 얻을 수 있는, 이용되지 않은 수많은 자원들이 활용될 수 있다.

대부분의 성인학습자에게 있어서 몇 시간이고 자리에 앉아 그들이 알아야 할 필요가 있는 것이 무엇이라든지 또는 알아야 할 필요가 있다고 그가 생각하는 것이 무엇인지를 이야기하는 누군가에게 귀를 기울이는 것만큼 따분한 것도 없다. 수동적인 학습상황은 성인학습자에게 최상의 만족을 안겨주지 못한다. 성인교육을 위한 프로그램은 그것을 수행하는 사람들이 아동들을 다룰 때 사용한 것과 동일한 방법으로 성인들을 다루었기 때문에 실패할 경우가 많았다.

성인은 아동에 비해 학습상황에서 자유롭다. 즉, 원한다면 교실이나 학습 프로그램을 빠져 나갈 수 있고, 실제로 종종 그렇게 한다. 수많은 성인은 학습을 위한 프로그램에 전혀 참석하려 하지 않는다. 그런 사람들은 관심이 없다든가 시간이 없다고 이야기한다. 다른 이유들도 많은데, 대부분은 그저 징후적일 뿐이다. 사실 많은 성인들은 그들이 프로그램 안에 있지 않다고 느낀다. 또 마치 어린 아이였을 때와 마찬가지로 무엇인가가 그들에게로 쏟아 부어지고 있다고, 교육받는 것이 아니라 교화되고 있다고 느낀다. 성인이 된 지금, 그들은 자기가 하는 것에 의견을 표명할 수 있어야 한다.

이 견해는 때론 타당하고 때로는 그렇지 못하다. 하지만, 그럼에도 불구하고 이것은 성인교육 프로그램의 성공에 있어서 관건이 되는 요인이다. 성인학습자는 그가 능동적으로 참여한다면 그리고 성인교육가가 학습자의 재능을 드러내고 활용하도록 돕는 방법을 알고 있다면, 거의 언제나 서로 할 일이 있다. 프로그램 설계과정에 참여하는 것은 프로그램 참가의 한 방편에 불과하다고 생각할 수 있지만, 그것은 무엇보다 중요한 방편이다. 성인학습자는 자신이 그 프로젝트에 어떤 몫을 가지고 있다고 느끼도록 도움을 받을 수 있다.

동료 학습자와 더불어 프로그램의 운영을 공유할 수 있도록 그리고 그 프로그램이 참가자의 인식가능한 요구와 목적을 향하도록 재조정할 수 있도록 도움을 받는다면, 참가자는 그 프로그램에 능동적으로 참여하고 관심을 가지게 될 것이다. 단지 이래야 하는 것이라는 말을 들음으로써 자유롭고 창조적이며 규율잡힌 사람이 되는 방법을 배우는 것은 아니다. 우리가 습득했거나 습득하고 있는 정보에 근거해서 선택해야 하는 상황들을 마주하게 됨으로써 그것을 학습한다. 책임을 분담할 기회가 전혀 주어지지 않는 경우가 너무 많고, 그래서 책임을 어떻게 부담하는지에 관해 매끄럽게 학습할 수가 없다. 만약 사람들이 신뢰받을 수 없다면, 민주주의라는 사상은 하나의 망상에 불과할 것이다.

아이들과 마찬가지로, 대부분의 성인들도 무엇이 "옳고 그른지", 무엇을 하고 언제 그것을 해야 하는지에 대해 계속 이야기를 들어왔다. 우리 대부분에게 있어서 다른 사람의 지시를 계속 따라가는 것이 좀 더 쉽고, 그렇게 함으로써 자기 힘으로 생각해 보려고 노력한다면 발생할지도 모르는 문제들을 회피하게 된다. 그러나 성인기는 아동기와 다르다. 우리는 다른 경험과 다른 요구를 지니고 있다. 재능을 펼치기 위해서 해야 할 필요가 있는 독립적 사고가 이루어지지 못하는 경우가 종종 있는데, 이는 우리가 그렇게 할 수 있도록 배워본 적이 없기 때문이다. 우리는 계속해서 다른 사람이 우리를 위해 생각하도록 한다. 우리가 실천해야 한다고 배우는 엄청난 양의 "독창적" 사고는 단지 교과목의 학습에 불과한 것이고, 그것은 우리의 문제와 관련하여 이미 승인된 결론을 가지고 있다.

사회가 적절하게 행사되는 적절한 권위에 의존함에도 불구하고 대부분의 사람들은 권력(power)과 권위(authority)의 사용을 둘러싼 뉘앙스에 관심을 가지지 않는다. 사람들은 홀로 남겨진다면 더 나을 것이라 생각한다. 지나치게 많이 방해받지 않는 한, 직업적으로, 정치적으로, 정신적으로 우두머리의 명령대로 할 것이다. 우리 대부분은 명령에 따르도록 훈련받아 왔고 또 그에 익숙한 나머지 자유에 대한 고찰과 실천을 위해 해결해야 할 문제들에 대한 연구와 평가의 책임을 종종 무시한다.

만약 어떤 사회가 그 발전을 위해 공유해야 하는 책임을 맡고자 하는 일반인의 능력과 의지에 의존하지 않는다면, 훈련되고 책임감 있는 시민성이나 성인을 위한 폭넓고 지속적인 교육에 대해 관심을 쓸 필요가 없다. 그러나 우리 사회는 사회적 과제의 수행에 대하여 합당한 몫의 책임을 부담하는 개별 시민에 토대를 두고 있다. 무관심이나 이미 과거에 교육받았다는 변명에서, 또는 그 둘 모두를 통해서, 우리가 떠맡아야 할 책임을 다른 사람들에게 전가해버리는 경향은 극복되어야 한다. 성인들 대부분은 스스로를 규율하는 법을 배워야 할 필요가 있고, 자신과 동료 시민들을 위하여 자신이 가진 잠재 자원을 사용하는 방법을 배워야 할 필요가 있다. 이 중 일부는 성인교육을 통하여 달성될 수 있다. 성인교육은 지평을 확장하고 새롭고 도전적인 정보를 소개하는 한 가지 방편인 동시에, 일종의 보수과정이기도 하다. 성인이 어린 시절 가정과 교회, 학교에서 받았던 교육을 보수하고 있는 것이다. 흔히 어린 시절의 교육은 아동에게 어른이 되면 자유로운 사회에서 살아가는 한 사람의 성인으로서 부담해야 하는 책임들을 수행하는 방법을 제대로 못 가르치고 있다.

아동이 학교운영에 대해 의견을 개진할 기회가 없었던 것처럼 성인도 자신의 계속 교육에 대해 의견을 제시할 바가 없다고 가정된다. 또 때로 성인은 어른답게 행동하도록 요구받지만, 실제로 다른 사람을 지배하거나 공격하거나 또는 술을 마신다거나, 아니면 담배를 피운다는 것 말고는 어른답다는 것이 무슨 의미인지 정확히 알지 못한다. 우리들 중 대다수는 덩치 큰 아이에 지나지 않는다. 즉 아이들보다 커다란 몸집을 지니고 현재 요구들을 어릴 적 받은 훈련과 경험에 (일부는 당시 우리의 요구에 적합했을 수도 있다) 맞추어 보려고 노력하고 있는 사람들인 것이다. 그 성과는 종종 시원치 않고 비극적이다.

우리는 이러한 문제를 해결해 갈 수 있다. 즉 성장을 위한 학습을 시작할 수 있다. 우리들 중 기꺼이 시도해 보고자 하는 이들은 우선 성장(growing up)이라는 이름의 과정이나 좀 더 건방진 이름을 가진 것들을 찾으려 할 것이다. 하지만 이런 과정이 존재한다고 해도(그리고 만약 그것을 이수할 20명을 한데 모을 수만 있다면, 어떤 기관은 의심할 여지없이 이런 과정을 개설할 것이다), 그것은 한 사람의 성숙에 그다지 도움이 되지 않을 것이다. 왜냐하면 우리는 어떤 학습 경험에 참가하고 그것을 함께 공유하며 그 상황의 일부라고 느낌으로써 가장 훌륭하게 학습하기 때문이다. 우리의 의견을 표현하고 의사결정할 수 있는 합리적인 방향과 기회가 주어짐으로써, 강요당한다기보다는, 우리 몫을 수행하도록 고무되고 도움을 받을 수 있다. 우리가 참여하는 성인학습 프로그램에 대한 책임을 공유하는 것은 성장하고 발전하는 것을 배우기 위해 필요한 어떤 경험을 우리에게 제공해 주는 하나의 생산적인 방법이다.

일반적으로 성인은 그들이 사용하는 것보다 더 많은 재능과 능력을 가지고 있다. 자원을 손에 넣기란 쉬운 일이지만, 자원을 제대로 활용하기란 어렵다. 각종 자원이 잘 정비되어 있는 교육과정에 동기화되지 않거나 관심도 두지 않는 경우 역시 흔하다. 우리는 스스로를 단련시키도록 가르침을 받아 본 적이 없거나, 아니면 단련하려고 노력해 본 적이 없다. 혹은 이 둘 모두에 해당된다. 많은 개인적 문제와 마찬가지로, 자원의 개발과 활용의 문제는 전적으로 개인적인 것은 아니다. 비록 우리의 잠재력을 발견할 수 있도록 스스로를 도울 필요가 있긴 하지만, 동료 학습자들의 도움 역시 필요하다. 집단 학습 경험 속에서 기회와 수업원조(instructional help)가 주어진다면, 일반적 참여자는 평가와 같은 기획에 놀라울 만큼 기여할 수 있다. 만약 프로그램을 담당하고 있는 사람들이 끈기 있고 지속적이라면, 참가자는 그가 해 왔던 것과 그렇게 생각했던 이유에 관해 솔직히 이야기할 것이다. 참가자들이 제기한 비판들은 쭉정이와 밀알을 구분하기 위하여 평가되어야 할 필요가 있다. 그러나 학습 프로그램이 진행되고 더 많은 계획과 평가가 실시됨에 따라 참가자가 제기한 비판에 기인할 수도 있는 실제적인 변화가 눈에 띄게 될 것이다. 효과적으로 참여할 수 있는 기회가 증가함에 따라, 일반적으로 프로그램 비판의 질도 변화하기 때문에 그러한 변화가 일어날 것이다. 문법이나 표현은 훌륭하지 못해도 존중과 이해를 가지고 귀담아 들어준다면, 사람들은 더 많은 자신감을 얻는다. 그들은 참여하면서 무엇인가를 해내는 방법을 점차 배워가고 있다. 다른 사람이 자신을 도와줄 것이라는 사실을, 그리고 그들 역시 다른 사람들이 공통 목적(common goal)을 달성할 수 있도록 도와줄 수 있다는 사실을 배워가고 있는 중이다.

안타깝게도 많은 학습상황에서 참가자들은 진행되고 있는 일이나 프로그램에 관한 느낌을 표현할 수 있는 기회를 부여받지 못하는 경우가 일반적이다. 참가자는 자기 자신을 발견할 수 있는 기회를 전혀 얻지 못한다. 우리는 더 많이 배울 수 있는 방법뿐만 아니라 우리가 알고 있는 것을 활용하는 방법 역시 학습해야 한다. 모든 집단 내에 존재하고 있는 다양한 재능을 활용하는 것은 우리가 서로서로에 대해 학습할 수 있도록 도와주고, 각자가 무엇인가 기여할 것을 가지고 집단을 도울 수 있도록 한다. 그것이 비록 사소하게 보일지라도, 각자의 기여는 매우 중요한 것이고 존경심을 가지고 다루어져야 한다. 만약 우리가 참여하고 있는 학습 프로그램에 책임감을 가지고 재능을 발휘하여 서로서로 도울 수 있다면, 성인학습이라는 모험을 성공시킬 가능성은 더욱 커질 것이다.

제 8 장

요약과 결론

IT IS
OH SPEAK
BRIGHT ANGEL
GLORIOUS
OF HEAVEN
WONDERING
THE END.

제 8 장

요약과 결론

지금까지 살펴본 내용들은 결국 인간이란 발전하고 진보하는 존재라는 입장을 바탕에 둔다. 또한 인간은 그 본성상 서로에게 해를 끼치기도 하지만, 보다 성숙한 인간이 되고자 하는 끊임없는 노력과 개인 고유의 특성을 간직하면서도 공동선과 조화를 이룰 수 있는 사회적 존재로의 성장에 대한 지속적인 노력을 기울임으로써 문명화에 이바지할 수 있는 존재라는 것이 이 책의 철학적 입장이다. 성장의 방향은 자기 자신에 관해, 타인에 관해, 그리고 삶의 목표에 관해 학습한 바에 따라 결정된다. 이 삶의 과업을 완수하는 방식은 우리 삶의 가치와, 그 가치에 대한 우리의 해석에 달려있다. 학습은 인간존재의 발전과 퇴보에 있어 결정적인 역할을 수행한다. 성인계속교육은 개인의 성숙과 사회관계의 문제를 극복해 가는 과정의 성공 여부를 결정짓는다.

다음에서는 각 장에서 다루어진 성인교육철학의 주요 내용에 대한 간략한 요점을 여섯 가지 항목하에 제시한다. 항목화는 효과적인 성인교육 프로그램 실시를 기준으로 삼았다.

1 우리 사회의 본성

우리가 살아가고 있는 사회는 대개 자유사회, 민주사회라 일컬어진다. "자유"와 "민주"라는 단어에 담겨져 있는 의미는 매우 다양하지만, 일반적으로 사회를 구성하는 사람들이 사회가 기능하는 방식에 대해 무엇인가 발언할 수 있으며, 또 이들이 불필요한 속박이나 통제에서 자유로운 것을 의미한다. 인간은 사고하는 존재(thinking beings)이기에 성장과정의 성인이 부딪힐 수 있는 수많은 문제에 맞서 싸울 자유를 지녀야 하며, 또 그 문제들을 해결하려 노력해야 한다. 이러한 행위를 할 수 있는 자유가 성인의 성숙을 뒷받침한다. 개인의 자유는 공동선에 대해 각자의 특별한 몫을 수행할 수 있는 기회를 제공해 주기 때문에 개인이 사회의 안녕과 갈등을 빚을 경우에만 자유에 제재를 가해야 하며, 따라서 자유는 개인의 창조적 활동과 성장에 필수 요소라 할 것이다.

그러나 자유와 자유사회의 문제는 흔히 모순적이게도 자유를 요청하는 바로 우리 자신들에 의해 발생한다. 다른 많은 경우와 마찬가지로 여기서도, 우리는 우리 자신의 적이다. 타인에게 손해를 입히면서까지 자신의 이익을 위해 이기적인 방식으로, 심하게는 자기중심적으로 일을 처리한다. 자신이 가진 특권이나 자유를 남용할 때, 우리는 두려움에 자신을 방어하고, 이러한 방어는 대개의 경우 나와 타인을 분리시킨다. 인간이라면 누구나 특별한 인생의 목표를 가지고, 그것을 완수하려 노력해야 한다. 그런데 많은 경우 사람들은 과도한 물질주의 신봉이나, 물건 사들이기로 이 과제를 완수하려 한다. 더 많은 것을 손에 넣을수록, 더 안심해 한다. 일시적으로는 말이다. 인간은 또한 양면적 존재이다. 그래서 한편으로는 이기적 욕망을 보이면서도, 또 한편으로는 사회의 일원이고자 노력한다. 이 양립할 수 없는 두 욕망의 얽힌 고리를 풀어내야 한다.

자유사회가 가지고 있는 문제점은 다양하지만, 이 문제들을 해결하기 위해 함께 활동하는 배움의 과정 속에서 성장하고 성숙하며, 문명화에 기여하게 된다.

사회를 구성하고 있는 우리는 살아있는 한 변화하고 성장할 수 있는 적응력 있고 교육가능한 인간이다. 사회가 우리를 형성하며, 또한 우리가 사회를 형성해 나간다.

2 성인교육을 위한 필요성

우리는 자유사회가 부여하는 엄청난 기회와 두려움을 느끼게 할 정도의 책임을 안고 있기 때문에, 공동체에서 생활하고, 자신의 일을 행하며, 또 사회에 그 역할을 다하기 위해 지속적으로 학습해야 한다.

그저 살아가는 것만으로는 정치적으로, 직업적으로, 정신적으로, 문화적으로 가치있는 정보를 제공할 수 없다. 우리는 인간적·사회적 딜레마에 대한 해답의 극히 일부만을 알고 있을 뿐이다. 그러나 각자의 책임을 다함으로써 개인적으로는 성장하고, 사회적으로는 질서를 유지할 수 있다고 학습했다. 또한 우리는 이 책임이 선택된 소수의 일이 아니라는 것도 알고 있다. 사회의 모든 구성원이 자유사회의 자유를 유지해 나가기 위해 노력해야 한다. 이러한 의미에서 자유란 모든 시민들이 그 사회를 유지하고 발전시키기 위해 쏟아부은 건설적이고 책임 있는 노력의 양과 직접 관련되는 매우 상대적인 용어이다. 따라서 우리는 조직적 학습 프로그램을 수립하고 참여하는 과정을 돕거나, 우리의 시야를 넓혀주는 개인적인 독서나 공부에 매진함으로써 자유를 성취하기 위한 학습을 해야 한다. 그리고 그 과정을 통해 새롭게 얻은 정보를 적절하고 사려 깊게 활용함으로써 개인적 성장과 사회질서를 도모해야 한다.

모든 이들을 위한 폭넓고, 계속적이며, 적절한 성인교육 프로그램은 민주주의의 필수 요건이다.

의외로 학교에 다닌 경험이, 성인이 되었을 때, 보다 목표가 뚜렷한 학습으로 발전해 나가는 것을 방해하는 경우가 많다. 대부분의 사람들은 어린 시절 학교생활에서 얻은 것들이 남은 인생을 유지하기 위한 지식으로 충분하다고 생각한다. 어떤 사람들은 배울 필요는 절감하지만, 다시 학교에 다니거나 성인학습 프로그램에 참여하는 것은 부끄러운 일이라 생각한다. 학습 활동에 참여하는 성인들은 종종 놀림을 당하기도 한다. 그래서 어떤 사람들은 책을 신문으로 포장해, 아무도 자신이 학습 프로그램에 참여하고 있음을 눈치채지 못하도록 한다. 그러나 다행히도 상당수의 성인들은 학습을 부끄럽게 생각하지 않으며, 당황스러운 상황들도 잘 극복해 나가고 있다. 어떠한 상황에서도 문명화 과정과 관련된 사람들은, 성인에게 그의 세계가 변화하고 있고, 그는 진보하는 사회를 구성하는 한 명의 시민으로서 특별한 책임을 지고 있으며, 그가 어린 시절에 받은 학교교육만으로는 민주사회의 시민으로서 자신의 위치를 유지하는 데 충분하지 않다는 것을 마음에 새기도록 지속적인 노력을 기울여야 한다.

3 성인교육의 정의와 본성

만일 우리가 사회를 창조적 존재로 성장하고 표현하는 데에 필요한 자유를 획득한 개인의 발전을 이루는 곳으로 이해한다면 결국 우리는 그러한 사회가 기능하는 데에 필요한 지식을 갖추어야 할 것이다. 또한 자유로우면서도 책임감 있는 시민이라는 중대한 역할을 수행하는 방법도 학습해야 한다. 지속적인 진보의 과정에 서 있기에, 성인의 학습요구 역시 지속적으로 변화한다. 우리 모두가 필요로 하고 있는 이 성인교육이라는 활동은 과연 무엇을 말하는가?

성인을 위한 교육은 성인의 지식을 증가시키고, 태도나 시각 혹은 견해를 변화시키는, 즉 보는 눈을 넓혀주거나 행동을 변화시키는 학습을 말한다. 성인교육의 유형으로는 우선 교실 혹은 학교에서 조직적으로 실시되는 형태가 있다. 또 학습자가 스스로 자신의 학습목표를 설정하는 자율학습 프로그램도 있다. 혹은 참여 훈련이라 할 수 있는 집단적 노력의 과정도 있다. 이 세 유형은 3장에서 살펴보았듯이 체계적으로 조직화된 프로그램이라 할 수 있다.

체계적으로 조직화된 학습과 구별되는 다른 유형의 성인교육으로는 앞서 살펴본 비형식적 경험학습(random experiential learning)이 있다. 비형식적 경험학습은 각 개인이 지속적으로 마주하게 되는 비조직화된 학습경험(unorganized learning experiences)이라 할 수 있는데, 예를 들어 텔레비전, 신문, 대화, 독서, 레크리에이션 등 우리가 행하고 접하는 모든 것들은 항상 우리에게 영향을 미친다. 따라서 이 모든 경험을 성인교육의 일환으로 포함시킬 수 있다.

성인교육을 담당할 전문 교육자를 훈련시키는 교육과정에는 성인교수법, 성인학습법, 적절하고 생산적인 성인교육 프로그램을 다루는 성인 교수－학습과정 개발법이 포함된다.

성인교육은 "좋은 것"일 수도, "나쁜 것"일 수도 있다. 성인교육은 사회질서와 우리 개인이 직면하는 각종 사건들에 대하여 지혜롭게 사고하고 행동하는 능력을 찾아내고, 그 가치를 검토하며 증진시키도록 가르침을 주는 활동이라 할 수 있다. 성인교육은 최고선을 추구하여 타인을 배려하고 보살피려는 우리의 노력에 도움을 줄 수 있다. 또한 우리에게 우리 삶을 구성하고 있는 직장, 가정, 사회단체에서 맡은 바 책임을 다하도록 가르친다. 반대로, 성인교육은 증오하고, 파괴하고, 타인의 시각을 무시하도록 할 수도 있다. 성인교육은 해방의 도구가 될 수도 있을 섬세한 심리학적 지식을, 오히려 자기 이익에 따라 타인을 조정하는 데 악용하도록 가르칠 수도 있다. 즉 불손하고 오만하게 살도록 길들일 수도 있다는 것이다.

결국, 우리가 성인교육에서 목적하는 바는 과연 우리가 성장할 것인지, 창조적이고 사람을 사랑할 것인지, 혹은 창조성을 막거나 차이를 죄악시한 결과 서로를 로봇처럼 동일하게 만들어 잠재성을 오용할 것인지의 여부에 커다란 영향을 미친다.

성인교육 프로그램에 대한 지원이나 참여를 권유받을 때, 우리는 그 성인교육의 교육유형을 살펴볼 필요가 있다. 프로그램이 우리의 시야를 넓혀줄 수 있도록, 더욱 성장할 수 있도록 설계되었는가? 그 프로그램은 발견하고 창조하려는 인간의 욕구를 촉진시키는가? 혹 프로그램이 우리를 억누르거나 지적으로 노예화하지는 않는가?

4 성인교육의 목적

성인학습 프로그램은 교육목적에 관한 신중한 논의와 설정에서 출발해야 한다. 프로그램 관리자와 그 외 모든 참여자들이 이 과정에 참여해야 하며, 구성원들은 모두 프로그램의 목표와 예상 성취수준에 대한 이해를 갖고 있어야 한다.

성인교육 프로그램은 전체적이고 일반적인 목적과 개별 프로그램의 목적이라는 두 가지 유형의 목적을 가지고 있다. 일반적인 목적은 보편적이고, 개별 프로그램의 목적은 보다 제한적이다. 2장에서 논의한 바대로 성인교육의 목적은 성인이 타인, 환경, 그리고 자신의 잠재력 및 목표하는 바와 순조롭게 관계 맺도록 하는 데 있다. 특정 프로그램의 목적은 그 프로그램의 학습경험이 지향하고 있는 바를 분명하게 드러내야 한다. 모든 목적은 학습자의 요구를 충족시키겠다는 의도가 명확해야 한다.

프로그램 조직과 구성에 있어 특정 프로그램의 목적은 일반적인 목적을 고려하고 통합해야 한다. 예를 들어, 기업, 노동조합, 혹은 교회에서 교육 프로그램을 설계하는 경우, 각 프로그램은 그것이 제공하고자 하는 명확한 의도를 분명하게 언급하게 된다. 그러나 이 과정에서 각 기관은 프로그램을 통해 시민과 사회체제의 진보를 도모한다는 일반적인 목적도 고려해야 한다. 이를 무시하고 한정된 목적만을 추구한다면, 그것은 사회적 책임을 회피하는 것이다.

5 성인교육을 위한 구조

성인교육을 실시하기 위해서는 프로그램을 담당하는 기관이 있어야 한다. 그러나 어느 특정 기관 하나가 성인교육을 통제한다면, 편협성과 근시안의 위협을 받을 수 있다. 모든 사회기관은 조직원에게 도움을 줄 수 있는 교육 프로그램을 개발할 수 있어야 하며, 또 개발해야 한다. 여기에는 경제적 활동을 하는 기관인 농장, 공장, 상점, 공기업도 해당된다. 공동체의 정신적 삶을 주관하는 기관들도 마찬가지이다. 성인교육 프로그램은 정신병원이나 종합병원의 환자, 직원, 또 일반인들을 위해서도 실시되어야 한다. 병원은 해당 지역의 건강교육센터가 될 수 있다. 모든 학교, 대학, 도서관, 동아리, 학회 등은 교육이라는 중요한 과업에서 각 기관에 적합한 프로그램을 제공함으로써 자신의 몫을 다해야 한다.

이와 같이 광범위하고 보편적인 성인교육의 보급을 통해 특정 집단이 인간성장에 요구되는 정보와 아이디어의 자유로운 흐름을 지배하는 것을 막을 수 있다. 그리고 사람들은 대개 쉽게 참여할 수 있는 조직에 충성심을 나타낸다는 사실에도 주의를 기울일 필요가 있다. 어느 지역에 사는 성인이나 적어도 하나 혹은 그 이상의 교육 프로그램 제공 기관과 관련되어 있다. 따라서 자유사회의 모든 기관은 계속교육이라는 거대한 사업에 있어 자기 몫의 책임을 안고 있다고 할 수 있다.

6 성인교육 프로그램 만들기

2장에서 제시된 목적을 달성하기 위해, 모든 프로그램은 다음과 같은 점을 고려해야 한다.

성인교육 프로그램은 자발적이어야 한다. 스스로 자유 의사에 의해 참여하도록 설득한다면, 성인은 프로그램에 더 긍정적 감정을 갖게 된다. 바로 이 사실만으로도 학습을 촉진시킬 수 있다. 성인이 교육 프로그램에 매력을 느낄 수 있는 방안을 마련하고 촉진하는 것은 사실 어려운 일이다. 그러나 결국에는 자발적 접근이 강제력이나 위협을 사용하는 것보다 학습자와 그 후원자에게 더 도움이 된다.

또한 학습자의 요구를 발견, 고려하고, 충족시켜야 한다. 프로그램은 참여자를 위해 설계되어야 한다. 성인교육자는 학습자가 던지는 질문에 응답할 수 있도록 노력해야 하며, 학습자들이 던질 질문을 파악하는 작업을 서로 함께 해야 한다. 성공적인 성인교육 프로그램은 행정가나 기관의 이익을 위해서가 아니라, 학습자의 이익과 자기계발을 위해 설계되어야 한다.

모든 프로그램은 적절한 자원을 활용해야 한다. 성인교육에 활용되는 자원은 모든 관심영역의 충족에 도움이 되어야 한다. 책, 신문, 잡지, 영화, 여행, 그리고 식견이 풍부한 사람들은 바람직한 보조도구의 예라 할 수 있다. 상황에 적합하며 다양하면서도 적절한 자원은 프로그램을 보다 흥미롭게 만들고, 학습에 효과적인 도움을 준다. 많은 공공기관의 중앙 사무소에서는 표준화된 자료를 제시하고 있는데, 이 자료들을 꼼꼼히 살펴보아야 한다. 때로는 이런 자료들이 유용할 수도 있다. 그러나 지역 리더인 경우 쉽게 프로그램을 설계하고자 표준화된 자료에만 의존하면 득보다는 해가 되는 경우가 많다. 왜냐하면 이런 자료들은 특정 지역에서 특정 시간에 요구하고 있는 바에 들어맞지 않는 경우가 많기 때문이다. 지역 수준에서 가장 도움이 되는 자원은 지역의 문제점을 파악하고, 필요한 곳에 적당한 자원을 투입할 수 있는 훈련된 인력이다.

성인에게는 문제 중심·상황 중심 학습이 도움이 된다. 성인학습자는 그가 가지고 있는 문제에 별반 도움이 되지 않거나 자신과 전혀 관계없는 주제에 실망한다. 프로그램에서 성인은 그가 하고 있는 일에 도움이 되는 내용이나 목적을 찾고자 한다. 프로그램의 목적은 그의 능력으로 할 수 있는 일이어야 하며, 그의 요구에 들어맞는 일이어야 한다. 학습내용과 학습자원이 학습자가 경험하고 있는 문제상황을 중심으로 짜여져 있다면, 이 프로그램은 성인에게 어떤 새로운 아이디어를 제시해 줄 수 있다. 어떤 한 가지 프로그램에 참여한 학습자가 그 수업 시간에 자신과 관련된 모든 일들을 통합적으로 바라보고, 그 프로그램을 기반으로 자신의 문제를 모두 해결할 것을 기대한다면, 그것은 학습자에 대한 과도한 요구이다. "특정 프로그램 하나에 참여하면," 언젠가는 학습자가 그 프로그램과 자기 삶의 구체적 상황 사이에 존재하는 관련성을 파악할 수 있을 것이라 기대하는 것은 태도 혹은 행동의 변화에 아무런 도움이 되지 못한다.

학습자가 현재 안고 있는 문제, 지금 겪고 있는 상황, 또는 요구를 중심으로 학습할 때, 힘있고 의미있는 교육의 장에 들어서게 된다. 이러한 학습방법을 활용하는 경우, 성인학습 프로그램은 언젠가는 같은 상황이 일어날 것을 기대하면서 "좋은" 자료를 암기하는 단순한 활동을 넘어선다. 학습자는 서로 도와가며 경험과 이해의 수준에 맞게 정보를 다듬기 시작하고, 궁극적으로는 새롭고, 아직 누구도 발 디딘 적 없는 미지의 학습세계에 발걸음을 내딛게 된다.

우리는 지금 공부하고 싶어 공부하는 상대적으로 소수의 사람들뿐만 아니라, 수백만의 성인학습자들을 대상으로 하고 있다. 대다수의 성인은 학습해야 하는 뚜렷한 이유가 눈에 보여야 학습한다. 성인교육의 주제가 직업, 종교, 예술, 사회과학 등 그 무엇이건 간에, 성인의 특정한 상황과 요구, 또 문제를 파악할 수 있는 프로그램만이 성인을 끌어들일 수 있다.

성인교육과정 설계에는 협동적 노력이 요구된다. 성인학습자는 동등한 참여자로 인정받을 때, 보다 열심히 참여한다. 성인학습자들은 학습에 도움이 될만한, 다양한 경험을 가지고 있다. 하지만 참가자 모두가 프로그램의 설계, 조직, 실천, 평가에 활동적으로 참여한다는 것은 불가능한 일이다. 또한 소심함과 무경험도 완전한 형태의 협동을 불가능하게 한다. 그러나 전체 작업을 돕도록 격려 받는 사람들이 많으면 많을수록, 보다 많은 사람들이 교육과정에 쉽게 참여할 수 있다. 학습자에게는 참여의 기회가 제공되어야 하며, 이들은 교육 프로그램의 모든 단계에서 협동을 학습함으로써 그들만의 방식으로 공헌할 수 있다. 또한, 전체 프로그램 설계과정에 참여함으로써 학습자는 보다 쉽게 스스로의 요구를 발견하고 충족시킬 수 있다. 이와 같이 설계되고 진행된 프로그램은 학습활동에 대한 학습자의 부정적 비판을 줄일 수 있다.

프로그램 설계과정의 다양한 단계에서 보조적 역할을 수행하면서 참가자는 보다 많은 것을 배우게 된다. 즉, 특정 주제를 학습하는 것뿐만 아니라, 책임을 받아들이고 수행하는 방법과 다른 이들과 함께 작업하는 방법도 몸에 익히게 된다.

교육 프로그램 관계자들은 프로그램에 기대하는 바가 있다. 어떤 기관의 교육담당자가 교육 프로그램을 설계할 경우, 그는 프로그램을 통해 특정 결과를 성취할 수 있을 것이라 생각한다. 즉, 프로그램이 성취할 결과에 대한 기대가 있다. 프로그램에 직접적으로 관여하고 있는 사람인 기관, 참가자, 지도자, 교사 역시 어떤 조건과 결과를 예상한다. 또한 대개 학습자마다 기대하는 바가 다르므로, 프로그램이 성공하려면 프로그램을 지원하는 사람들 그리고 프로그램에 참여하는 사람들의 기대가 어느 정도 일치해야 할 필요가 있다.

우리는 사람을 가르치고 있다. 성인교육은 사람을 상대하는 일이다. 모든 일은 어떤 식으로든 사람들을 도와주면서 이루어진다. 특별히 어떤 아이디어와 관련된 사항들을 묶어낸 것이 바로 "교과(subject)"이다. 교과라는 개념이 쓰이기 시작한 이후, 사람들은 교사나 책의 정보를 학습자에게 전달하기 위한 조직적 방법으로 이를 활용하고 있다. 의사소통의 편리성이라는 문제에서, 성인교육 담당자는 사람들에게 특정 과목을 교수하며 이야기를 전개한다. 그런데, 때로 지도자나 교사는 그 지식을 배우고자 하는 학습자보다는 그들이 관심을 두고 있는 지식영역에 관심을 둔다. 성인교육에 있어 우리는 보다 분명하게 그 과목을 가르치는 목적을 숙지해야 하며, 모든 과목은 원래 사람들의 이해를 돕기 위해 설정된 것임을 인식할 필요가 있다. 따라서 정말 중요한 것은 과목 자체가 아니라 우리는 사람을 가르치고 있다는 사실이다.

성인교육 프로그램은 학습자의 환경을 반영해야 한다. 주의 깊게 분석해 보면, 성인학습자의 요구란 그에게 영향을 미치고 있는 상황과 문제의 본질에서 시작된다는 것을 알 수 있다. 그러므로 성인교육 프로그램은 토착적이어야 한다. 프로그램은 학습자에게 영향을 미친

환경과 직접 관련되어야 한다. 국적, 지방색, 교육, 종교, 지리적 위치, 그리고 이에 영향을 미치는 모든 요인들이 고려되어야 한다. 상당 수준, 이와 같은 요인들이 프로그램의 특성과 방향, 범위를 결정짓는다. 프로그램은 학습자의 특성과 그의 문제 상황에 적합해야 한다.

프로그램이 토착적이어야 한다는 것은 편협하다는 것과는 다른 이야기이다. 흔히 특정 단체나 지역의 편협성으로 인한 제한적 사고는 발견과 성장을 가로막아 정신을 왜곡시킬 수 있다. 성인교육 프로그램은 학습자의 폭넓은 지적능력의 발달과 시야, 사고의 확장에 도움을 줄 수 있도록 설계되어야 한다.

성인교육은 지속적으로 무지, 질병, 미신적 행위, 정신적 노예상태를 타파해 나아가야 한다. 성인교육의 목적은 인간을 자유롭게 하는 것이다. 무엇보다 성인교육은 사람들에게 자신의 재능과 에너지를 사용할 창조적 기회를 제공한다. 또한 성인에게 존엄한 인간존재로서 또 사회의 시민으로서 자신을 억누르는 권력에 대해 어느 정도 힘을 발휘할 수 있는 역할수행 방법을 제시해준다. 끝으로 성인교육은 성인이 이 모든 일을 인간의 존엄성에 도움이 되는 지력과 예의로써 행하는 방법을 학습하는 데 도움을 준다.

참고문헌

Adler, Alfred. Understanding Human Nature. Tr. by W. Beran Wolfe. New York: Fawcett World Library (Premier R192), 1961, 244 pp.

Aristotle. Politics. Tr. by Benjamin Jowett. New York: Random House (Modern Library), 1943, 337 pp.

Bergevin, Paul, and McKinley, John. Participation Training For Adult Education. St. Louis: Bethany Press, 1965, 108 pp.

Bergevin, Paul, Morris, Dwight, and Smith, Robert M. Adult Education Procedures. New York: Seabury Press, 1963, 245 pp. (Paperback edition, 1966)

Breasted, James Henry. A History of Egypt. New York: Charles Scribner's Sons, 1909, 634 pp.

Brumbaugh, Robert S., and Lawrence, Nathaniel M. Philosophers On Education. Boston: Houghton Mifflin, 1963, 211 pp. The Declaration of Independence.

Fromm, Erich. The art of Loving. New York: Harper & Bros., 1956, 133 pp. (Paperback edition: New York: Bantam Books, H2563, 1963, 112 pp.)

Grattan, C. Hartley. In Quest of Knowlege. New York: Association Press, 1955, 337 pp.

Havighurst, Robert J. Human Development and Education. New York: Longmans, Green, 1953, 338 pp.

Havighurst, Robert J., and Orr, Betty. Adult Education and Adult Needs. Boston: Center for the Study of Liberal Education for Adults, 1956, 66 pp.

Hobbes, Thomas. Leviathan. Ed. By Frederick J. E. Woodbridge. New York: Charles Scribner's Sons, 1930, 418 pp.

Jefferson, Thomas . "First Inaugural Address." The Life and Selected Writings of Thomas Jefferson. Ed. by Adrienne Koch and William Peden. New York: Random House (Modern Library), 1944, 730 pp.

Kallen, House M. Philosophical Issues in Adult Education. Springfield, Ill.: Charles C. Thomas, 1962, 99 pp.

Kidd, J. R. How Adult Learn. New York: Association Press, 1959, 324 pp.

Koch, Hal. Grundtvig. Tr. by Llewellyn Jones. Yellow Springs, Ohio: Antioch Press, 1952, 201 pp.

Lawrence, Brother. Brother Lawrence: On the Practice of the Presence of God. Cincinnati: Forward Movement, 1941.

Lindeman, Eduard C. The Meaning of Adult Education, Montreal: Harvest House, 1961, 129 pp.

Locke, John. An Essay Concerning Human Understanding. New York: Macmillan (Collier Book), 1965, 413 pp.

Overstreet, Harry A. The Mature Mind. New York: W. W. Norton, 1949, 295 pp.

Rousseau, Jean Jacques. "The Social Contract." The Social Contract and Discourses. Tr. by G.D. H. Cole. New York: E. P. Dutton

(Everyman's Library), 1950, 330 pp.

Smith, Thomas Vernor, and Lindeman, Eduard C. The Democratic Way of Life. New York: New American Library (Mentor MP356), 1961, 123 pp.

Whitehead, Alfred North, The Aims of Education and Other Essays. New York: Macmillan, 1959, 247 pp. (Paperback edition: New York: New American Library, Mentor MP373, 1964, 166 pp.)

Wilson, Woodrow. The New Freedom. Englewood Cliffs, N.J.: Prentice-Hall, 1961, 173 pp.

찾아보기

저자소개

버거빈(Paul Emil Bergevin)은 성인교육 분야에서 행정가이자 연구자, 방법론 학자, 교육자, 그리고 지적 지도자로서 두드러진 경력을 쌓아온 초기 성인교육 분야의 선구자 중 한 사람이었다.

그는 퍼듀 대학(Purdue University)을 졸업하고, 그곳에서 교수 생활을 1년 정도 한 뒤 인디아나 주 앤더슨 시의 성인 및 직업교육 감독관이 되었고, 그곳에서 성인교육에 대한 자신의 신념을 형성하였다.

1947년 인디아나 대학의 성인교육 연구소장(Director of the Bureau of Studies in Adult Education)이었던 버거빈은 서비스와 조사연구, 그리고 대학원 교육 수준에서 포괄적이고 전국적인 규모의 대학 성인교육학을 발전시키고 실천에 옮기기 시작하였다. 그는 존 맥킨리(John McKinley)와 함께 『교회에서의 성인교육을 위한 밑그림(Design for Adult Education in the Church)』을 출간하면서, 제도적 측면에서의 성인교육학 분야의 연구를 이끌어 나갔다.

그는 참여훈련기관(Participation Training Institute)의 공동 개발자이기도 했는데, 거기에서 그는 수많은 성직자와 간호사, 문해운동가(literacy worker), 군대 및 정부기관의 교육담당자, 그리고 지역사회 및 자원봉사 조직의 평신도들(lay members)을 훈련시켰다. 참여훈련은 자기자신과 타인들에 대해 책임감을 느끼고 함께 더불어 일할 수 있는 성인들을 만들어 내는 것을 목적으로 하였다. 제2차 세계대전 후, 버거빈은 성인교육학 분야의 초기 대학원 프로그램 중 하나를 개발하고, 그것을 중요 프로그램으로 정립시켰다. 몇 개의 강좌들은 현장조사의 결과들을 기반으로 하고 있었다. 그는 성인을 대상으로 하는 프로그램들은 의사소통 영역에 있어서, 그리고 인간관계에 영향을 미치는 사회적, 철학적, 역사적 개념들에 있어서 광범위하면서도 특별한 훈련을 제공해야 한다고 강조하였다.

그는 『성인교육철학(A Philosophy for Adult Education)』을 포함하여 공동저자로 참여한 『성인교육을 위한 참여훈련(Participation Training for Adult Education)』, 『성인교육의 진행(Adult Education Procedures)』, 『성인교육을 위한 집단과정(Group Processes for Adult Education)』, 『논의 지도자 및 참여자들을 위한 매뉴얼(A Manual for Discussion Leaders and Participants)』 등의 저작을 남겼다.

그는 대학에서의 성인교육학에 관한 첫 번째 저서를 개발하고 출간한 첫 번째 교수들 중 한 사람이었다. 또한 『새롭게 등장하는 대학의 연구영역 윤곽』이라는 책의 '성인교육' 장의 공동저자이기도 하였다.

그는 미국대학계속교육협회(NUCEA)의 지역조직 위원회(Community Organi-zation committee)의 멤버였다. 그는 미국 성인교육협회와 성인교육학 교수협의회의 창립 멤버였다. 또 인디아나 성인교육협회(the Indiana Adult Education)의 창립자였다.

역자소개

강선보

고려대학교 대학원 교육학과 졸업(교육학박사)/이스라엘 벤구리온 대학교 및 미국 위스컨신 대학교 연구교수/고려대학교 학생처장, 사범대학장 겸 교육대학원장, 교무부총장 역임/(현)고려대학교 사범대학 교육학과 교수, 한국교육학회 회장

[논문]

「그룬트비의 성인교육사상」 외 다수

최승현

고려대학교 대학원 교육학과 졸업(교육학박사)/(현)고려대학교 교육문제연구소 연구교수

[논문]

「들뢰즈의 파이데이아」 외 다수

김희선

고려대학교 대학원 교육학과 졸업(교육학박사)/(현)보건복지부 기초생활보장과 행정사무관

[논문]

「성인교육이론에 있어 경험과 학습의 의미」 외 다수

성인교육철학

초판발행 2006년 5월 25일
수정판인쇄 2017년 2월 20일
수정판발행 2017년 2월 28일

지은이 강선보 · 김희선 · 최승현
펴낸이 박준식

펴낸곳 도서출판 원미사
서울시 성북구 장위2동 65-192호 우남빌딩 202호
등록 1994. 1. 18(제6-192호)
전 화 02)733-6771
f a x 02)736-4818
e-mail pys@pybook.co.kr
homepage www.pybook.co.kr
ISBN 978-89-5544-102-4 93370

정 가 15,000원